Josefine Janert

Mein erster Job

Fit für den Job

- Fit für den Berufsstart
- Ausbildung und Berufsschule
- Verhalten am Arbeitsplatz

Eichborn

1 2 3 06 05

Umschlaggestaltung: Christina Hucke
Layout: Susanne Reeh
Satz: Fotosatz Amann, Aichstetten
Druck und Bindung: Fuldaer Verlagsanstalt, Fulda
ISBN 3-8218-5890-7

Verlagsverzeichnis schickt gern:
Eichborn Verlag, Kaiserstraße 66, D-60329 Frankfurt/Main
www.eichborn.de

Inhalt

Einleitung

Herzlichen Glückwunsch! Sie haben sich für einen Beruf entschieden und eventuell sogar schon einen Ausbildungsbetrieb gefunden. Jetzt wird sich in Ihrem Leben vieles ändern. Sie müssen früher aufstehen als während Ihrer Schulzeit und sich an feste Arbeitszeiten gewöhnen. Sie lernen neue Menschen kennen, Ihren Ausbilder, den Meister, Kollegen und andere Auszubildende. Sie verdienen Geld, können sich vielleicht eine eigene Wohnung, ein Zimmer in einer Wohngemeinschaft leisten. In der Berufsschule werden Sie in neue Fächer eingeführt – und bereiten sich in ein paar Monaten auf die Zwischen- und die Abschlussprüfung vor.

Dieses Buch hilft Ihnen dabei, Ihre Ausbildung zu meistern. Hier können Sie nachschlagen, was sich hinter den vielen neuen Begriffen verbirgt. Sie erfahren, warum und wie Sie ein Berichtsheft führen und wie Sie sich verhalten sollten, wenn Sie Ärger mit Ihrem Ausbilder haben oder Ihr Ausbildungsbetrieb Pleite geht. Sie erhalten Tipps, wie Sie sich entspannt auf die Prüfungen vorbereiten und was in Ihrem Arbeitszeugnis stehen sollte. Im Anhang finden Sie nützliche Internetadressen. Viel Erfolg!

Josefine Janert

Bevor es losgeht

Die Berufsausbildung dauert in Deutschland zwei, drei oder dreieinhalb Jahre. Es ist möglich, sie zu verkürzen, beispielsweise, wenn der Azubi das Abitur gemacht oder studiert hat oder wenn er schnell und erfolgreich lernt. Er kann das mit dem Arbeitgeber schon vereinbaren, wenn er den Vertrag unterschreibt oder auch während der Ausbildung.

Im Jahr 2004 wurden in Deutschland knapp 573.000 Ausbildungsverträge abgeschlossen, und zwar in folgenden Bereichen:

Industrie und Handel	320.220
Handwerk	171.423
Landwirtschaft	15.586
Öffentlicher Dienst	15.446
Freie Berufe	45.202
Hauswirtschaft	4.844
Seeschifffahrt	213

Quelle: Statistisches Bundesamt

Nach Angaben des Bundesbildungsministeriums sind Kraftfahrzeugmechaniker, Maler und Lackierer und Elektroinstallateur die Berufe, die bei jungen Männern besonders beliebt sind. Bei jungen Frauen sind es Bürokauffrau, Kauffrau im Einzelhandel, Friseurin und Arzthelferin und bei ausländischen Azubis Kaufmann im Einzelhandel, Friseurin und Kraftfahrzeugmechaniker. Die durchschnittliche Ausbildungsvergütung beträgt 598 Euro in den alten und 508 Euro in den neuen Bundesländern. Eine angehende Friseurin verdient 406 Euro (in den neuen Ländern 257 Euro), ein angehender Maurer 789 Euro (643 Euro).

Ihre Eltern und Großeltern waren Lehrlinge, Sie sind Auszubildender oder Azubi. Viele Begriffe haben sich in den vergangenen Jahren verändert. Hier eine Übersicht:

Alt	**Neu**
Lehrling	Auszubildender (Azubi, auch Azubine)
Lehre	Berufsausbildung, Ausbildung
Lehrvertrag	Berufsausbildungsvertrag, Ausbildungsvertrag
Lehrstelle	Ausbildungsstelle, Ausbildungsplatz
Lehrzeit	Ausbildungszeit

Ihren Ausbildungsvertrag schließen Sie mit dem **Ausbildenden** ab. Das ist eine einzelne Person (z. B. ein Rechtsanwalt oder eine Steuerberaterin), eine Firma, eine Stiftung, eine Körperschaft, eine Aktiengesellschaft (z. B. die Deutsche Post AG), eine Gesellschaft mit begrenzter Haftung (z. B. die Lebensmittel-Handelsgesellschaft Brandenburg mbH) und so weiter. Wenn der Ausbildende gemeint ist, ist im Folgenden auch vom **Ausbildungsbetrieb** oder vom **Arbeitgeber** die Rede.

Der Ausbildende stellt Sie ein. Der **Ausbilder** ist für Ihre Ausbildung unmittelbar verantwortlich. Er bringt Ihnen etwas bei, führt mit Ihnen Lehrgespräche und kontrolliert Ihr Berichtsheft. Wenn Ihnen etwas unklar ist, wenden Sie sich als Erstes an ihn. In großen Unternehmen gibt es Angestellte, die sich ausschließlich um den Nachwuchs kümmern. In kleinen und mittelständischen Betrieben – in einem Buchverlag, einer Bäckerei oder einem Optikergeschäft – haben die Kollegen auch andere Aufgaben. Wie es in Ihrem Ausbildungsbetrieb geregelt ist, erfahren Sie, wenn Sie den Vertrag unterzeichnen oder in der ersten Arbeitswoche.

Darüber hinaus kümmern sich in mittelständischen und großen Betrieben auch **Paten** um die Neulinge. Das sind entweder berufserfahrene Mitarbeiter oder andere Auszubildende, die bald ihre Prüfung ablegen. Sie haben die Aufgabe, Ihre Eingewöhnung in die Firma und in das Berufsleben zu erleichtern. Ein Pate stellt Sie anderen Kollegen vor, nimmt Sie in die Kantine mit und beantwortet Ihre Fragen.

Wer bin ich, was kann ich?

Noch haben Sie Ihren Ausbildungsvertrag nicht unterschrieben. Vielleicht haben Sie nicht einmal einen Ausbildungsbetrieb gefunden. Bevor Sie sich für einen Beruf entscheiden, sollten Sie wissen, was Sie erwartet. Sie sollten sich auch im Klaren über Ihre eigenen Wünsche, persönlichen und körperlichen Voraussetzungen sein. Viele Ausbildungsverhältnisse werden nämlich in der Probezeit gekündigt, weil sich der Azubi etwas anderes unter dem Job vorgestellt hat. Oder weil er sich nicht an das Arbeitsleben gewöhnen kann. Dort gelten andere Regeln als in der Schule, zumal die Azubis auch mit Kunden, Mandanten und Patienten zusammentreffen, die gute Umgangsformen erwarten.

Ein anderer häufiger Grund für eine vorzeitige Kündigung ist übrigens, dass plötzlich Allergien oder berufsbedingte Krankheiten auftreten. Eine Friseurin verträgt das Haarpflegemittel nicht, das in ihrem Salon benutzt wird. Sie bekommt Hautausschlag. Besprechen Sie mit Ihrem Hausarzt, ob Sie Ihrem Beruf körperlich gewachsen sind. Für Jugendliche, also für Menschen unter 18, ist eine medizinische Untersuchung ohnehin vorgeschrieben. Es lässt sich trotzdem nicht hundertprozentig ausschließen, dass während der Ausbildung plötzlich eine Krankheit oder eine Allergie auftritt.

Arbeit macht vor allem dann Spaß, wenn sie den eigenen Interessen entspricht. So wirkt eine Bewerbung auch viel überzeugender. Die Mitarbeiter der Agentur für Arbeit können Sie besser beraten und Ihnen bei der Berufswahl helfen, wenn sie Ihre Interessen und Fähigkeiten kennen. Nehmen Sie sich also ein oder zwei Stunden Zeit und schreiben Sie auf, was Sie besonders gut können. Hier ein paar Anregungen:

- Sie basteln gern, haben handwerkliches Talent. Wollen Sie Tischler, Mechaniker oder Drechsler werden?
- Sie sitzen häufig am Computer. Sie beherrschen sogar eine Programmiersprache. Wie wär's mit einer Ausbildung zum Fachinformatiker?
- Sie lieben Tiere. Ihr Schülerpraktikum haben Sie im Tierheim gemacht. Als Tierpfleger oder Tierarzthelferin machen Sie Ihr Hobby zum Beruf. Oder Sie kümmern sich als Tierwirt um Nutztiere in der Landwirtschaft.
- Mathe ist Ihr Lieblingsfach. Werden Sie mathematisch-technische Assistentin oder Bankkaufmann.
- Sie interessieren sich für Mode und Kosmetika. Da liegt eine Ausbildung zur Kosmetikerin oder Friseurin nahe.
- Sie lesen viel und schreiben gute Aufsätze. Wäre der Buchhandel etwas für Sie?
- Sie kochen gern. Sie haben schon in einer Kantine gejobbt. Da bietet sich eine Ausbildung zum Koch oder Konditor an.

Mit einer „Mir-ist-alles-egal-Haltung" kommen Sie nicht weit. Sie wirkt eher abschreckend auf Menschen, die Sie unterstützen können. Wenn Ihnen gar nichts einfällt, das Sie interessiert, überlegen Sie, in welchen Schulfächern Sie gut sind. Suchen Sie eine Ausbildung in diesem Bereich. Vielleicht haben Sie durch einen Nebenjob oder ein Hobby Kontakte geknüpft, die Sie für die Bewerbung nutzen können. Wenn Sie jemanden kennen, der in Ihrem Wunschberuf tätig ist, fragen Sie ihn nach Ausbildungsplätzen in seiner Firma und nach weiteren Tipps für die Stellensuche. Rufen Sie den Betrieb an, bei dem Sie Ihr Schülerpraktikum gemacht haben, und erkundigen Sie sich nach Ausbildungsstellen. Bei großen und mittelständischen Unternehmen lassen Sie sich am besten mit der Personalabteilung verbinden, bei kleinen reden Sie mit dem Chef.

Mein Wunschberuf

Mal ehrlich: Was wissen Sie über Ihren Wunschberuf? Können Sie sich vorstellen, wie Ihr Arbeitsalltag aussieht? Wenn nicht, dann wird es höchste Zeit, Informationen zu sammeln. Schreiben Sie Ihre Fragen auf einen weiteren Notizzettel, und arbeiten Sie ihn nach und nach ab. An wen Sie sich wenden können, steht im folgenden Kapitel. Übrigens: Es gibt keine dummen Fragen, nur dumme Antworten.

Merkzettel:
Was weiß ich über meinen Traumjob?

- Welche Talente und Vorkenntnisse brauche ich? In welchen Schulfächern sollte ich gute Noten haben?
- Welche persönlichen Eigenschaften sind gefragt?
- Welche körperlichen Belastungen erwarten mich (viel stehen, lange auf den Computerbildschirm starren, Arbeit in großer Höhe)?
- Wo werde ich arbeiten (Büro, Werkhalle, Baustelle, in den Wohnungen von Kunden)?

- Wie und mit wem arbeite ich nach der Ausbildung (viel allein oder zusammen mit anderen Kollegen, im Schichtdienst, Außendienst, an den Wochenenden)?
- Wie lange dauert die Ausbildung?
- Wie hoch ist die Ausbildungsvergütung? Wie viel verdiene ich nach der Ausbildung?
- Wie kann ich mich später beruflich weiterentwickeln? Kann ich mich selbstständig machen? Ins Ausland ziehen? Welche Weiterbildung ist sinnvoll?
- Wie entwickelt sich der Arbeitsmarkt in der Branche in den nächsten fünf, zehn Jahren?

Wer hilft?

Wer kann diese Fragen beantworten und wo bekommen Sie weitere Informationen?

Menschen, die in Ihrem Wunschberuf tätig sind: Lassen Sie sich schildern, wie ihr Arbeitstag aussieht. Fragen Sie auch, ob sie jemals daran gedacht haben, ihren Job aufzugeben, und warum. Und weshalb sie doch dabei geblieben sind.

Die **Berufsberater und das örtliche Berufsinformationszentrum (BIZ) der Agentur für Arbeit**: Die Agentur für Arbeit hieß übrigens früher Arbeitsamt. Die Adresse und Telefonnummer finden Sie im Telefonbuch. Im BIZ erhalten Sie kostenlos Blätter und Übersichten über Berufsbilder und Ausbildungswege. Sie können in den Büchern, Brancheninformationen und Bewerbungsratgebern lesen, die dort ausliegen. Am besten, Sie schauen sich dort um und vereinbaren dann einen Termin mit einem Berufsberater. Die Berufsinformationszentren veranstalten regelmäßig **Informationstage**, um Berufe und Branchen vorzustellen. Da kommen Menschen zu Wort, die in diesem Bereich tätig sind. Sie berichten von ihrer Arbeit und erklären, was Sie beim Berufseinstieg beachten sollten. Die Termine erfahren Sie von der Agentur für Arbeit und aus der Tagespresse.

Die Agentur für Arbeit hat ein **Job- und Serviceportal** im Internet: *www.arbeitsagentur.de*. Wenn Sie keinen Computer besitzen, gehen Sie während der Öffnungszeiten der Agentur in das „Internet-Center", das dort eingerichtet ist. Es steht Ihnen auch dann offen, wenn Sie nicht als arbeitssuchend gemeldet sind. Unter dem Link „Berufenet" werden viele Berufe beschrieben – Tätigkeit, Einsatzgebiete, Ausbildungswege. Unter dem Link „Stellen- und Bewerberbörse" finden Sie Job- und Ausbildungsplatzangebote aus der gesamten Bundesrepublik. Der Link „Kurs" führt Sie zu einer Weiterbildungsdatenbank.

Ausbildungsmessen: Da präsentieren sich vor allem Kammern, Innungen, die Agentur für Arbeit und große und mittelständische Betriebe, die Ausbildungsstellen anbieten. An den Ständen treffen Sie Mitarbeiter der Unternehmen und Azubis, die dort angestellt sind. Sie können sich beraten lassen oder dem Firmenvertreter gleich Ihre Bewerbung in die Hand drücken. In diesem Fall sollten Sie sich vorher über diesen Arbeitgeber informieren. Seien Sie darauf gefasst, dass auch Ihnen Fragen gestellt werden (siehe dazu Kapitel *Gut vorbereitet sein*).

Berufsverbände und Innungen: Sie vermitteln zwar in der Regel keine Jobs, aber Sie erhalten dort Informationen über das Berufsbild, Ausbildungswege und das Tarifgehalt. Schauen Sie als Erstes auf die Homepage, dort finden Sie schon viele Informationen.

Schülerpraktikum: In einem Praktikum bekommen Sie natürlich den besten Einblick in den Arbeitsalltag. Falls ein Praktikum in Ihrem Wunschbetrieb nicht möglich ist, versuchen Sie es bei der Konkurrenz oder in einem verwandten Beruf.

Das Internet: Dort finden Sie viele Informationen über Berufe. Große und mittelständische Firmen haben in der Regel eigene Homepages. Gute Suchmaschinen sind *www.google.de*, *www.fireball.de* und *www.vivisimo.com*. Durchforsten Sie auch die Online-Archive von Tageszeitungen und die Stellenbörsen im Internet (siehe Kapitel *Webseiten*).

Gut vorbereitet sein

Auf der Ausbildungsmesse, im Vorstellungsgespräch und in den ersten Wochen im neuen Betrieb werden Ihnen Mitarbeiter der Personalabteilung, der Ausbilder und andere Kollegen viele Fragen stellen. Bereiten Sie sich vor auf:

- Warum wollen Sie diesen Beruf ergreifen?
- Was stellen Sie sich darunter vor?
- Welche Wünsche haben Sie für Ihre berufliche Zukunft?
- Welche Vorkenntnisse haben Sie durch Hobbys, Nebenjobs, Schülerpraktika?
- Was wissen Sie über den Betrieb, bei dem Sie Ihre Ausbildung machen (möchten)?

Der letzte Punkt ist besonders wichtig. Es macht keinen guten Eindruck, wenn Sie gar keine Ahnung von Ihrem Ausbildungsbetrieb haben. Ihr Gesprächspartner wird denken, dass Sie wenig Interesse an Ihrem Beruf haben. Auch wenn die Firma C eine Notlösung für Sie ist, weil die Unternehmen A und B Ihre Bewerbungen abgelehnt haben, sollten Sie Ihrem Gegenüber nicht zu verstehen geben, dass dieser Ausbildungsplatz oder diese Firma die dritte Wahl für Sie ist. Niemand möchte das zu spüren bekommen – auch dann nicht, wenn er vor einigen Jahren eine ähnliche Entscheidung gefällt hat.

Informationen finden Sie auf der Homepage des Betriebes. Handelt es sich um ein großes oder mittelständisches Unternehmen oder um eine Handelskette, fragen Sie (möglichst schon vor der Bewerbung) in der Presseabteilung nach Kundenmagazinen, Mitarbeiterzeitschriften und den so genannten Imagebroschüren, in denen sich die Firmen vorstellen. Lesen Sie in der Presse Berichte über den Arbeitgeber, gegebenenfalls auch im Online-Archiv der Zeitungen. Falls der Betrieb so klein ist, dass er weder eine Homepage noch ein Kundenmagazin hat, informieren Sie sich über die Branche im Allgemeinen. Folgende Fakten sollten Sie mindestens kennen:

- Den vollständigen Namen des Ausbildungsbetriebs. Die *Bahn* reicht nicht, es handelt sich um die *Deutsche Bahn AG*.
- Welche Produkte stellt die Firma her? Welche Dienstleistungen bietet sie an?
- Wie ist sie organisiert? Gibt es nur einen Sitz oder mehrere Filialen? Wenn ja: wo? Wo ist der Hauptsitz der Firma?
- Welche wichtigen Entwicklungen gab es in den vergangenen Monaten? Kam ein neues Produkt auf den Markt? Wurde in Ihrer Heimatstadt eine weitere Filiale eröffnet? Hat die Geschäftsleitung gewechselt?

! HINWEIS

In den vergangenen Jahren wurden viele Berufsbezeichnungen geändert. Informieren Sie sich, ob Sie noch auf dem neuesten Stand sind, was Ihren Ausbildungsberuf anbelangt.

Außerdem ist interessant:

- Wann wurde der Ausbildungsbetrieb gegründet und von wem?
- Wie ist seine wirtschaftliche Situation? (Das erfahren Sie aus den Medien.)
- Wie viele Mitarbeiter hat der Betrieb?
- Die Firmenphilosophie

Wenn's gar nicht klappt

Leider müssen Schulabgänger viele Bewerbungen schreiben, um zu einem Vorstellungsgespräch eingeladen zu werden. Wenn es bei Ihnen gar nicht klappt, überlegen Sie als Erstes, wie Sie Ihre Unterlagen besser gestalten können. Wirken Sie auf dem Bewerbungsfoto zu ernst? Sind Fehler im Lebenslauf? Ist die Bewerbung nicht überzeugend? Lassen Sie sich beraten. Schauen Sie sich die Bewerbungen von Klassenkameraden und Freunden an, die es geschafft haben. Vielleicht können Sie von ihnen etwas lernen.

Ansonsten müssen Sie darüber nachdenken, welche Alternativen es gibt. Vielleicht können Sie sich in einem verwandten Beruf ausbilden lassen, werden nicht Arzthelferin, sondern Zahnmedizinische Fachangestellte. Oder Sie ziehen in eine andere Stadt mit mehr umsatzstarken Unternehmen. Wenn es Ihnen partout nicht gelingt, einen Ausbildungsplatz für Ihren Wunschberuf zu ergattern, müssen Sie das nehmen, was Sie kriegen und das trotzdem Ihren Fähigkeiten und Interessen entspricht. Denken Sie daran, dass viele Jugendliche gar keine Ausbildungsstelle finden. Außerdem können Sie sich in späteren Lebensjahren beruflich neu orientieren. Wer weiß, wie der Arbeitsmarkt in 20, 30 Jahren aussieht. Sicher haben Sie dann ganz andere Chancen als heute.

Die Agentur für Arbeit fördert junge Menschen, die bei der Suche nach einer Ausbildungsstelle benachteiligt sind. Das **Berufsvorbereitungsjahr** soll ihre Chancen auf dem Arbeitsmarkt erhöhen. Sie haben Gelegenheit, ihren Hauptschulabschluss nachzuholen. In Baden-Württemberg, Sachsen und Berlin wird das Berufsvorbereitungsjahr häufiger angeboten als in anderen Bundesländern.

Außerdem können Sie sich um eine **Ausbildung in einer außerbetrieblichen Einrichtung** (BaE abgekürzt) bewerben. Sie wird von Bildungsträgern gestaltet, die im Auftrag der Agentur für Arbeit tätig sind. Die Teilnehmer erlernen dort einen Beruf und bekommen Stützunterricht.

Nicht vergessen

- Erkundigen Sie sich, wie lange die Ausbildung dauert.
- Sprechen Sie mit Menschen, die in Ihrem Wunschberuf tätig sind.
- Informieren Sie sich über Ihren Wunschberuf und Ihren Ausbildungsbetrieb.
- Gehen Sie ins Berufsinformationszentrum der Agentur für Arbeit. Vereinbaren Sie einen Termin mit einem Berufsberater.
- Besuchen Sie Ausbildungsmessen.
- Machen Sie ein Schülerpraktikum in Ihrem Wunschberuf oder in einem verwandten Beruf.
- Denken Sie über Alternativen nach – eine Ausbildung in einer außerbetrieblichen Einrichtung.

Das Ausbildungssystem

In vielen Ländern ist die Berufsausbildung nicht vom Staat geregelt. Wenn sich ein junger Mensch entscheidet, Koch zu werden, fragt er einfach in einem Restaurant nach, ob er dort lernen kann. Theoretischer Unterricht ist nicht vorgesehen, oder er ist eine seltene Ergänzung. Ein Nachteil dieses Systems ist, dass es keine landesweit gültigen Standards dafür gibt, was ein Koch können muss.

In Deutschland spricht man vom dualen System der Berufsausbildung. Sie ist vom Staat durch verschiedene Gesetze geregelt. Das wichtigste, das Berufsbildungsgesetz (in amtlichen Blättern BBiG abgekürzt), trat 1969 in Kraft. Zum 1. April 2005 wurde es reformiert. Nunmehr gilt das Berufsbildungsreformgesetz (BerBiRefG). Die wichtigsten Neuerungen werden in diesem Buch erklärt. Sie sind mit „Neu" gekennzeichnet. Für Jugendliche, also für Menschen unter 18, gilt das Jugendarbeitsschutzgesetz (JArbSchG). Es legt u. a. fest, wie lange sie arbeiten dürfen und wie viel Urlaub ihnen zusteht. Das Wichtigste steht im Kapitel *Regelungen für Jugendliche*.

Betrieb und Schule

Das Wort „dual“ bedeutet, dass etwas zwei Seiten hat. Für Sie heißt das: Sie werden sowohl in Ihrem Ausbildungsbetrieb als auch in der Berufsschule ausgebildet. An beiden Orten erfahren Sie etwas über Theorie und Praxis Ihres Berufes. Im Betrieb üben Sie handwerkliche Fähigkeiten ein, lernen Waren, Werkstoffe, Maschinen und Geräte kennen, bedienen Kunden, kümmern sich um Patienten und Mandanten. Ihr Ausbilder oder ein anderer Kollege erklärt Ihnen die theoretischen Hintergründe. An der Berufsschule beschäftigen Sie sich mit der Theorie und trainieren ebenfalls das Praktische.

In der Regel verbringen Sie jede Woche ein, zwei Tage an der Berufsschule und drei, vier Tage im Betrieb. Ihr Ausbildender muss Sie dafür freistellen, nicht nur für den Unterricht, sondern auch für die Pausen, die Prüfungen und die Wege zwischen Betrieb und Berufsschule. Der Lehrstoff an der Berufsschule besteht zu einem Drittel aus allgemein bildenden Fächern wie Mathe, Sozialkunde und Fremdsprachen. Die anderen zwei Drittel beziehen sich auf den Beruf. Eine Friseurin hat Fächer wie Gesundheitsschutz, Haar- und Kopfhautpflege; ein Anlagenmechaniker beschäftigt sich mit dem Fertigen von Bauelementen mit handgeführten Werkzeugen und dem Warten technischer Systeme.

Momentan gibt es 349 staatlich anerkannte Ausbildungsberufe im Sinne des Berufsbildungsgesetzes. Das bedeutet: Die Ausbildung in diesen Berufen erfolgt nach dem dualen

System. Für jeden einzelnen Beruf wurde eine Ausbildungsordnung festgelegt, die bundesweit gilt. Darin werden das Berufsbild und die Prüfungsanforderungen beschrieben.

Schulabgänger

Rechtlich betrachtet hat ein Schulabgänger in Deutschland die Möglichkeit, jeden staatlich anerkannten Ausbildungsberuf zu erlernen. In vielen Branchen werden jedoch eher Bewerber mit einem hohen Abschluss eingestellt, bevorzugt mit Abitur.

Nicht jeder kann und will das Abitur ablegen. Falls Sie einen Hauptschulabschluss anstreben, verbessern Sie Ihre Chancen auf dem Arbeitsmarkt durch möglichst gute Noten in Deutsch und Mathe. Viele Ausbildungsbetriebe achten gerade auf diese Fächer. Bewerber mit schlechten Zensuren in Deutsch und Mathe laden sie gar nicht erst zum Vorstellungsgespräch ein. Rechnen, fehlerfrei schreiben und grammatikalisch einwandfreie Sätze bilden zu können, sind die Voraussetzungen für die meisten Jobs.

Achtung: Für viele Personalchefs sind unentschuldigte Fehltage auf dem Schulzeugnis ein weiterer Grund dafür, die Bewerbung inklusive Absage sofort zurückzuschicken. Sie halten die Absender für unzuverlässig.

HINTERGRUND

Das sagte das Bundesbildungsministerium im Jahr 2003 über Azubis, die einen anerkannten Ausbildungsberuf erlernen: Knapp 37 Prozent haben einen Realschul- oder einen gleichwertigen Abschluss, 32 Prozent einen Hauptschulabschluss. Knapp 16 Prozent haben die Hochschulreife, 13 Prozent kommen von beruflichen Schulen, und zwei Prozent haben die Hauptschule ohne Abschluss verlassen.

Die Kammern

Die Industrie- und Handelskammer, die Handwerkskammer, die Landwirtschaftskammer, die Steuerberaterkammer und die verschiedenen anderen Kammern sind für die Belange des jeweiligen Wirtschaftszweigs zuständig, auch für die Ausbildung. Sie beraten Betriebe, die ausbilden möchten. Die Kammern erlassen Prüfungsordnungen und nehmen Zwischen- und Abschlussprüfungen ab. Jeder Ausbildungsvertrag muss bei der Kammer registriert werden.

Wenn Sie Probleme mit Ihrem Arbeitgeber haben, können Sie sich an die Ausbildungsberater der Kammer wenden. Die Kammern haben Ausschüsse zur Schlichtung von Streitigkeiten zwischen Ausbildenden und Azubis eingerichtet. Bevor Sie die in Anspruch nehmen, sollten Sie versuchen, den Konflikt mit Ihrem Ausbilder oder mit der Jugend- und Auszubildendenvertretung Ihres Betriebes zu klären (siehe *Was tun, wenn ...*). Die Kammern veröffentlichen Muster für Ausbildungsverträge. Sie können sie von den Homepages herunterladen.

Im Hoheitsbereich der **Industrie- und Handelskammer** (IHK) werden mit Abstand die meisten Ausbildungsverträge abgeschlossen. Sie ist in allen größeren Städten zu finden. Die IHK ist eine Selbstverwaltungsorganisation aller gewerblichen Unternehmen mit Ausnahme des Handwerks. Sie ist, wie der Name schon sagt, zuständig für Berufe in Industrie und Handel, für Banken, Versicherungen, das Verkehrs- und Dienstleistungsgewerbe sowie den Bergbau.

Die **Handwerkskammer** vertritt die Interessen des Handwerks. Sie führt die Handwerksrolle, ein Verzeichnis über die selbständigen Handwerker der Region. Es wird unterschieden zwischen zulassungspflichtigen und zulassungsfreien Handwerksberufen. Für zulassungspflichtige ist eine Meisterprüfung erforderlich, für zulassungsfreie nicht.

Für landwirtschaftliche Berufe ist die **Landwirtschaftskammer** des Bundeslandes oder in einigen Ländern das Landwirtschaftsministerium zuständig. Für Berufe innerhalb der Kirche das Landeskirchenamt, das Konsistorium oder das Ordinariat. Falls Sie unsicher sind, zu welcher Kammer Ihr Beruf gehört, fragen Sie Ihre Jugend- und Auszubildendenvertretung oder die Mitarbeiter der Agentur für Arbeit.

Berufsfachschulen

Wollen Sie an einer Berufsfachschule lernen? Über die Zugangsvoraussetzungen informieren Sie sich am besten bei der Schule selbst. Interessant ist, wie praxisorientiert der Unterricht ist und wie viele Absolventen einen Arbeitsplatz gefunden haben. Sprechen Sie möglichst auch mit älteren Schülern. Schauen Sie sich Alternativen an – in einem anderen Bundesland oder sogar im Ausland. Falls Sie während Ihrer Ausbildung Probleme haben, helfen Ihnen die Schülersprecher und der Berufsverband.

Rechtliches

Der Ausbildende und der Azubi schließen einen Ausbildungsvertrag. Beide erhalten ein Exemplar. Bei Jugendlichen müssen auch die gesetzlichen Vertreter unterschreiben. Das sind in der Regel die Eltern. Sie bekommen ebenfalls ein Exemplar.

Der Vertrag kann zunächst auch mündlich abgeschlossen werden, wenn sich die Parteien einig sind. Eine mündliche Absprache ist vor dem Gesetz gültig. Allerdings muss der Ausbildende den Vertrag spätestens zu Beginn der Ausbildung in Schriftform vorlegen. Die elektronische Form ist dabei ausgeschlossen. Keine E-Mail also!

! HINWEIS Änderungen und Zusätze zum Ausbildungsvertrag müssen schriftlich niedergelegt und Ihnen ausgehändigt werden.

Der Ausbildungsvertrag

Der Ausbildungsvertrag enthält mindestens folgende Punkte:

- Art, sachliche und zeitliche Gliederung und Ziel der Ausbildung:
  Für welchen Beruf werden Sie ausgebildet? In welchem Betrieb? Was werden Sie lernen? Welchen zeitlichen Plan gibt es dafür? Der Ausbildungsplan wird am besten als Anlage beigefügt.
- Beginn und Dauer der Ausbildung:
  Das genaue Datum muss schriftlich niedergelegt sein. Wenn die Ausbildung aufgrund Ihrer Vorkenntnisse verkürzt wird, kann das schon im Vertrag festgelegt werden. Über die Verkürzung kann auch später entschieden werden (siehe Kapitel *Verkürzung und Verlängerung der Ausbildung*).
- Ausbildung außerhalb der Ausbildungsstätte:
  Ihre Ausbildungsstätte ist der Ort, an dem Sie ausgebildet werden. Wenn Sie in der Filiale einer Bank lernen, ist Ihre Ausbildungsstätte genau diese Filiale und nicht die Konzernzentrale. Nehmen Sie zusätzlich an Seminaren in der Konzernzentrale teil, muss das im Vertrag aufgeführt werden. Der Berufsschulbesuch gilt nicht als Ausbildung außerhalb der Ausbildungsstätte.

HINWEIS

Neu: Nach dem Berufsbildungsreformgesetz kann ein Viertel Ihrer Ausbildung im Ausland stattfinden. Wenn Sie zwei Jahre

! HINWEIS lernen, sind das sechs Monate. Die Bedingung: Der Aufenthalt im Ausland muss dem Ziel der Ausbildung dienen.

- Dauer der regelmäßigen täglichen Ausbildungszeit:
  Sie wird konkret genannt. Ein Verweis auf den Tarifvertrag oder auf betriebliche Vereinbarungen reicht nicht aus. Siehe auch *Regelungen für Jugendliche*.
- Dauer der Probezeit:
  Neu: Früher waren ein bis drei Monate möglich. Nach dem Berufsbildungsreformgesetz sind es ein bis vier Monate.
- Vergütung:
  Die genaue Summe wird festgehalten. Es reicht nicht aus, auf den Tarifvertrag hinzuweisen. Das Gesetz sieht vor, dass das Geld spätestens am letzten Arbeitstag des Monats gezahlt wird. Die Vergütung muss angemessen sein und mindestens jährlich steigen. „Angemessen" bedeutet, dass die Summe, die im Tarifvertrag der jeweiligen Branche steht, nicht um mehr als 20 Prozent unterschritten werden darf.
  Der Ausbildende kann Sie auch mit Sachleistungen vergüten. Das sind Aufwendungen für Ihre Unterkunft und Verpflegung. Sie dürfen 75 Prozent der Bruttovergütung nicht überschreiten: Stehen Ihnen monatlich 600 Euro zu, muss der Arbeitgeber mindestens 150 Euro auf Ihr Konto überweisen.

Beispiel:
Jan erlernt den Fleischerberuf. Von seinem Ausbildenden erhält er Sachleistungen. Er wohnt in einem Gebäude auf dem Betriebsgelände und wird wochentags in der Firma verpflegt. Außerdem bekommt er Bares. Davon kauft er sich Fahrkarten, Körperpflegemittel, Kleidung und finanziert seine Hobbys.

- Dauer des Urlaubs:
  Die Dauer des Urlaubs muss ebenfalls konkret genannt werden. Siehe auch *Regelungen für Jugendliche*.
- Kündigung:
  Unter welchen Voraussetzungen ist sie möglich? Siehe auch *Abmahnung, Kündigung, Aufhebungsvertrag*.
- Allgemeine Hinweise auf Tarifverträge, Betriebs- und Dienstvereinbarungen. Liest sich so: „Es gilt der Tarifvertrag vom ..."

! HINWEIS

Während der Berufsausbildung arbeiten Sie Vollzeit. Azubis, die Kinder oder pflegebedürftige Angehörige betreuen, können allerdings eine Verkürzung der täglichen Arbeitszeit vereinbaren. Ausnahmen werden vor allem für Alleinerziehende gemacht. Sprechen Sie mit dem Ausbildenden und mit dem Ausbildungsberater der Kammer.

Nichtige Vereinbarungen findet man nicht nur in Ausbildungsverträgen, sondern auch in anderen Verträgen. Eine Vereinbarung ist nichtig, also unwirksam, wenn sie den geltenden Gesetzen widerspricht. Sollte eine Vertragspartei vor Gericht ziehen, um sie durchzusetzen, würde sie mit Sicherheit scheitern. Beispiele für nichtige Vereinbarungen, die im Berufsbildungsreformgesetz genannt werden:

- Der Azubi soll für seine Ausbildung eine Entschädigung leisten.

Haben Sie oder Ihre Eltern schon Geld gezahlt, können Sie es von dem Ausbildenden zurückverlangen. Es ist auch verboten, an den Ausbildungsvertrag einen Kaufvertrag zu knüpfen.

Beispiel:
Ein Mann lässt sich zum Berufskraftfahrer ausbilden. Laut Vertrag soll er der Firma die Kosten für den Führerschein zurückzahlen, sofern er innerhalb von zwei Jahren nach der Ausbildung aus der Firma ausscheidet. Diese Vereinbarung ist nichtig.

Wichtig: Manche privaten Schulen verlangen ein Schulgeld für die Ausbildung. Das ist möglich, wenn es sich nicht um staatlich anerkannte Ausbildungsberufe im Sinne des Berufsbildungsgesetzes handelt.

Weitere nichtige Vereinbarungen sind:

- Vertragsstrafen
- der Ausschluss oder die Beschränkung von Schadensersatzansprüchen
- die Festsetzung der Höhe eines Schadensersatzes in Pauschbeträgen

Falls Ihr Ausbildungsvertrag eine nichtige Vereinbarung enthält, sprechen Sie mit der Gewerkschaft oder mit dem Ausbildungsberater der Kammer.

Regelungen für Jugendliche

Im Sinne des Gesetzes ist ein Jugendlicher eine Person, die jünger als 18 Jahre ist. Für Jugendliche gelten besondere Bestimmungen (siehe auch *Rechtliches* und *Die Prüfungen*). Sie dürfen nur in anerkannten Ausbildungsberufen ausgebildet werden. Wenn die Ausbildung allerdings auf eine weiterführende Bildungseinrichtung vorbereitet, können sie auch in anderen Berufen ausgebildet werden.

Jugendliche müssen sich vor der Ausbildung von einem Arzt untersuchen lassen und dem Ausbildenden eine Bescheinigung darüber vorlegen. Die bekommen Sie von der Gemeindeverwaltung. Sie können damit zu einem Arzt Ihrer Wahl gehen. Die so genannte **Erstuntersuchung** ist kostenlos. Sie darf am ersten Arbeitstag nicht länger als 14 Monate zurückliegen. Falls der Arzt der Ansicht ist, dass Sie aufgrund Ihres Gesundheitszustands oder Ihrer körperlichen

Entwicklung für eine Arbeit nicht geeignet sind, vermerkt er das auf der Bescheinigung. Er teilt es auch den Eltern mit. Wenn nötig, kann der Arzt Sie noch zu einem Kollegen schicken, etwa zu einem Zahnarzt. Unabhängig davon, wie der Mediziner Ihren Gesundheitszustand beurteilt, ist nach einem Jahr eine Nachuntersuchung fällig – natürlich nur, wenn Sie bis dahin nicht volljährig sind.

Generell dürfen Sie nicht zu **Akkordarbeit** oder zu anderen Arbeiten herangezogen werden, bei denen Sie durch ein höheres Tempo mehr Geld verdienen. Das wäre der Fall, wenn Sie an einem Fließband sitzen und Ihre Vergütung nach der Anzahl der Produkte bemessen würde. Sie dürfen auch nicht in einer Arbeitsgruppe tätig werden, in der Erwachsene solche Tätigkeiten ausführen. Das Gesetz schützt Sie vor Tätigkeiten, die Ihre körperliche und seelische Leistungsfähigkeit überschreiten und bei denen Sie sittlichen Gefahren ausgesetzt sind.

Jugendliche dürfen nur **an fünf Wochentagen** arbeiten. Die beiden **Ruhetage** sollen möglichst aufeinander folgen. Für mehrere Branchen gelten allerdings Ausnahmen von der Fünftagewoche, zum Beispiel für Bäcker, Verkäufer und Friseure. Der Ausbildende darf Jugendliche nicht mehr als **acht Stunden täglich und vierzig Stunden wöchentlich** beschäftigen. Auch hier sind Ausnahmen möglich. Wird an einzelnen Werktagen weniger als acht Stunden gearbeitet, kann der Jugendliche an den übrigen Wochentagen bis zu achteinhalb Stunden malochen.

Wenn im Berufsleben von Werktagen die Rede ist, sind Montag bis Samstag gemeint. Arbeitstage sind Montag bis Freitag.

! HINTERGRUND

Bei einer Arbeitszeit von viereinhalb bis sechs Stunden steht dem Jugendlichen eine **Pause** von dreißig Minuten zu, bei mehr als sechs Stunden sind es sechzig Minuten. Als Pause gilt eine Arbeitsunterbrechung von mindestens 15 Minuten. Die Pausenzeit wird auf Schichten angerechnet. Zusammengerechnet darf die Schichtzeit allerdings nicht mehr als zehn Stunden betragen. Ausnahmen: im Gaststättengewerbe, in der Landwirtschaft und der Tierhaltung, auf Bau- und Montagestellen (jeweils elf Stunden). In der Binnenschifffahrt darf die Schichtzeit von Jugendlichen ab 16 Jahren unter Umständen bis zu 14 Stunden betragen.

Jugendliche dürfen **von 6 bis 20 Uhr beschäftigt werden**, wiederum mit Ausnahmen. Hier nur ein paar Beispiele: In Bäckereien arbeiten Jugendliche ab 16 Jahren ab 5 Uhr, ab 17 Jahren sogar ab 4 Uhr. In der Landwirtschaft sind Jugendliche ab 16 Jahren ab 5 Uhr und bis 21 Uhr tätig, letzteres aber nur, wenn sie nicht am nächsten Morgen um 5 Uhr wieder antreten müssen. Im Gaststätten- und Schaustellergewerbe werden Jugendliche ab 16 Jahren bis 22 Uhr eingesetzt.

Wie viel **Urlaub** Sie bekommen, hängt davon ab, wie alt Sie zu Beginn des Kalenderjahres sind, also am 1. Januar. Wenn Sie jünger als 16 Jahre sind, stehen Ihnen mindestens 30 Werktage zu, wenn Sie jünger als 17 Jahre sind, mindestens 27 Werktage, und bis zu Ihrem 18. Geburtstag mindestens 25 Werktage. In dem Jahr, in dem Sie volljährig werden, haben Sie noch mindestens 25 Werktage Urlaub, es sei denn, Sie haben am 1. Januar Geburtstag. In den folgenden Jahren gelten die Regelungen für Erwachsene: mindestens vier Wochen Urlaub.

Nicht vergessen:

- Vermeiden Sie unentschuldigte Fehltage auf dem Schulzeugnis.
- Lassen Sie Änderungen Ihres Ausbildungsvertrages schriftlich festhalten.
- Vereinbaren Sie eine Verkürzung der täglichen Arbeitszeit, wenn Sie Kinder haben oder Angehörige pflegen.
- Wenn Sie jünger als 18 sind: Ab zur ärztlichen Untersuchung!
- Eltern müssen den Ausbildungsvertrag ihrer minderjährigen Kinder unterschreiben.
- Minderjährige dürfen keine Akkordarbeit leisten.

Die Ausbildung läuft

Ihre Ausbildung beginnt bald. In den ersten Tagen wird eine Menge Papierkram erledigt. Ihr Arbeitgeber braucht folgende Angaben, die Sie rechtzeitig beschaffen sollten:

- Name und Adresse Ihrer Krankenkasse
- Sozialversicherungsnummer
- Lohnsteuerkarte
- die Nummer Ihres Girokontos
- bei Ausländern Aufenthalts- und Arbeitserlaubnis
- bei Jugendlichen Bescheinigung über die Erstuntersuchung (siehe Kapitel *Regelungen für Jugendliche*)

Der Papierkram

Azubis sind über den Betrieb sozialversichert. Zur **Sozialversicherung** gehören die Kranken-, die Renten-, die Pflege- und die Arbeitslosenversicherung. Azubi und Ausbildender zahlen je die Hälfte der Beiträge. Wenn Ihre Vergütung unter 325 Euro liegt, übernimmt der Arbeitgeber die volle Summe.

Vermutlich waren Sie bis jetzt in der **Krankenkasse** Ihrer Eltern. Zu Beginn der Ausbildung endet diese Familienversicherung, für die Sie nichts gezahlt haben. Entscheiden Sie sich rechtzeitig für eine Krankenkasse. Die beantragt für Sie die **Sozialversicherungsnummer**, mit deren Hilfe Ihre Beiträge in die Rentenversicherung richtig zugeordnet werden. Die **Lohnsteuerkarte** gibt's auch schon vor dem 18. Geburtstag, und zwar bei der Gemeindeverwaltung. Sie wird ausgestellt, sobald ein Arbeitnehmer eine sozialversicherungspflichtige Beschäftigung aufnimmt.

HINWEIS

Befreiungen von der Rezeptgebühr sind seit dem Jahr 2004 nur noch in Ausnahmen möglich, z. B. bei schwer wiegenden chronischen Erkrankungen. Stellen Sie einen Antrag bei der Krankenkasse. Er lohnt sich auch, wenn die Ausgaben für Rezepte, Praxisgebühr und Heilmittel zwei Prozent der jährlichen Bruttoeinnahmen übersteigen. Für Ehepartner und eigene Kinder werden Freibeträge berücksichtigt.

Was soll ich anziehen?

Kleiden Sie sich an Ihrem ersten Arbeitstag, wie es in Ihrem Ausbildungsbetrieb und in Ihrer Branche üblich ist. Falls Sie unsicher sind, gucken Sie auf die Homepage des Unternehmens oder in Imagebroschüren und Kundenmagazine. Dort sind in der Regel Mitarbeiter abgebildet, an deren Garderobe Sie sich orientieren können. Sie können auch beim Unterschreiben des Vertrages fragen, welche Kleidung erwünscht ist. Wenn Ihr Haar bis zur Schulter reicht, sollten Sie es hochstecken oder zusammenbinden – vor allem, wenn Sie in der Gastronomie oder in einem Pflegeberuf tätig sind. Der Betrieb muss Arbeitskleidung nur dann stellen, wenn es für den Arbeits- und Gesundheitsschutz erforderlich ist.

! HINWEIS

Viele Arbeitgeber haben etwas gegen Piercings, grellbunte Haare und auffällige Tattoos – und gegen schmutzige Fingernägel. Zwar sind modische Details nicht verboten, aber vielleicht sollten Sie diplomatisch sein und die Verschönerung vor den Blicken des Chefs und der Kollegen verbergen oder sie auf die Zeit nach Ihrer Ausbildung verschieben.

Am ersten Tag

In den meisten Betrieben werden die Azubis am ersten oder zweiten Tag durch die wichtigen Abteilungen geführt und den Kollegen vorgestellt. Sie lernen ihren Arbeitsplatz kennen, treffen den Ausbilder, den Chef, den Paten, eventuell auch den Oberboss. Sie erfahren, wie die Ausbildung abläuft, wo die Berufsschule ist. Der Ausbilder, der Pate oder ein anderer Azubi nimmt Sie mit in die Kantine. Die Jugend- und Auszubildendenvertretung stellt sich vor. Dieses Gremium vertritt die Interessen der jungen Arbeitnehmer gegenüber der Geschäftsleitung.

Seien Sie aufgeschlossen und freundlich. Versuchen Sie, sich die neuen Namen und Gesichter zu merken. Wenn es ein größeres Unternehmen ist, lernen Sie zuerst die Namen Ihres Ausbilders und der Kollegen in Ihrer Abteilung. Wie der Azubi am ersten Tag willkommen geheißen wird, ist recht unterschiedlich:

Beispiel 1:
Sabine lernt Bürokauffrau. Die Muster GmbH kennt sie schon von ihrem Schülerpraktikum. Die Firma hat nur vier Mitarbeiterinnen. Am ersten Arbeitstag steht Sabine fünfzehn Minuten vor der verabredeten Zeit vor der Tür. Nervös tritt sie von einem Bein aufs andere und streicht ihren Rock glatt. Was sie wohl erwartet? Endlich erscheint eine Kollegin. „Guten Morgen, Sabine!“ sagt sie. „Setz dich schon mal an den Schreibtisch von Frau Unger und mach die Ablage. Das kennst du ja aus deinem Praktikum. Wenn nachher die Chefin kommt, regelst du mit ihr den Papierkram.“ So vergeht der erste Tag. Die Namen der Mitarbeiterinnen kennt Sabine, die Arbeiten, die ihr zugeteilt werden, auch. ‚Bisschen langweilig‘, denkt sie. ‚Eigentlich hatte ich gedacht, dass ich als Azubi andere Aufgaben bekomme.‘

Beispiel 2:
Martin lernt Bankkaufmann in einer Kleinstadt. Bevor es losgeht, werden seine Eltern und er in die Firma eingeladen, um sich alles anzuschauen. Die Ausbildung beginnt mit einer Einführungswoche in der nächstgrößeren Stadt. Martin fährt mit dem Autobus

dorthin. Ungefähr zwanzig Azubis sitzen in einem Konferenzsaal. Einige scheinen genauso aufgeregt zu sein wie Martin, andere haben ein Pokerface aufgesetzt. Dann geht es auch schon los. Alle stellen sich vor: die Azubis, der Chef, der Ausbilder, die Jugend- und Auszubildendenvertretung und noch ein Kollege aus der EDV. Der Chef erklärt, welche Abteilungen die Bank hat und womit sie sich beschäftigen. Nach einer halben Stunde verschwindet er, denn er hat noch einen Termin. Anschließend werden die Azubis durchs Haus geführt und erhalten eine Einführung in die EDV. Am Ende des ersten Ausbildungstages sagt der Ausbilder, welche Garderobe von den künftigen Bankkaufleuten erwartet wird. Sie sollen sich gediegen kleiden, auf schrille Farben und auffälligen Modeschmuck verzichten. Jeans, nabelfreie Hemdchen und großzügige Dekolletés sind tabu.

Am zweiten Tag

Spätestens am zweiten Tag in Ihrem Ausbildungsbetrieb sollten Sie über Folgendes Bescheid wissen:

- Wie heißt Ihr Ausbilder? Wo ist er zu erreichen?
- Wie heißen die Kollegen in Ihrer Abteilung? Wie heißen der Chef und der Oberboss?
- Welche Arbeitszeit gilt für Sie? Wann haben Sie Pause?
- Wo befinden sich die Umkleideräume? Wo können Sie während der Schicht Ihre persönlichen Sachen einschließen? Wo ist die Toilette?
- Wo ist die Kantine? Gibt es Pausenräume, Teeküchen und Raucherecken in Ihrer Nähe?

- Wo hängt das Schwarze Brett, an dem Neuigkeiten im Betrieb bekannt gegeben werden?
- Wer leitet die Jugend- bzw. Ausbildungsvertretung? Wie ist er/sie zu erreichen?
- Welche Gesundheitsschutzvorschriften müssen Sie an Ihrem Arbeitsplatz beachten? Wie können Sie Unfälle vermeiden? Wen holen Sie/rufen Sie an, wenn ein Unfall passiert?
- Wie sind die Geräte an Ihrem Arbeitsplatz zu bedienen? Wie funktioniert die EDV?
- Wie melden Sie sich am Telefon?
- Wo ist die Berufsschule?

Was auf der anderen Seite Ihr Ausbilder in den ersten Tagen Ihrer Ausbildung erledigen muss:

- Sie bei der Berufsschule anmelden.
- Ihre Krankenkasse über das Ausbildungsverhältnis informieren.
- Ihre Lohnsteuerkarte entgegennehmen.
- Ihnen das Berichtsheft geben und mit Ihnen darüber sprechen.

Die Jugend- und Auszubildendenvertretung

Die Jugend- und Auszubildendenvertretung vertritt im Betrieb die Interessen der Arbeitnehmer bis zum 18. Lebensjahr und der Azubis bis zum 25. Lebensjahr. Sie wird gewählt, sobald es in der Firma fünf Beschäftigte gibt, die diese Voraussetzungen erfüllen. Sie können sich mit allen

Fragen und Problemen an dieses Gremium wenden (siehe auch *Was tun, wenn . . .*). Die Jugend- und Azubivertretung reicht Vorschläge und Beschwerden an den Arbeitgeber weiter, bemüht sich um Verbesserungen und setzt sich dafür ein, dass Azubis nach der Ausbildung in ein festes Beschäftigungsverhältnis übernommen werden. Dabei kooperiert sie mit dem Betriebsrat, der sich für die Kollegen unabhängig von ihrem Lebensalter einsetzt.

Die Probezeit

Die Ausbildung beginnt mit einer Probezeit. Das bedeutet: Sowohl Sie als auch Ihr Ausbildender prüfen, ob der Beruf für Sie der richtige ist und ob Sie in den Ausbildungsbetrieb passen, sich in die Abteilung einfügen. Wenn eine der beiden Parteien der Meinung ist, dass es nicht funktioniert, kann sie während der Probezeit jederzeit kündigen, ohne eine Frist einzuhalten und ohne einen Grund zu nennen. Es ist allerdings auch möglich, eine Auslauffrist zu vereinbaren, beispielsweise das Monatsende. Die Kündigung muss schriftlich erfolgen. Sie muss vor dem Ende der Probezeit beim Empfänger eintreffen. Bei Jugendlichen müssen die Eltern über die Kündigung informiert werden.

Neu: Früher dauerte die Probezeit ein bis drei Monate. Durch das Berufsbildungsreformgesetz ist sie auf ein bis vier Monate verlängert worden.

Falls Sie selbst kündigen, weil Sie sich in Ihrem Ausbildungsbetrieb nicht wohl fühlen, überlegen Sie genau, welche Alternativen Sie haben. Kündigen Sie nicht leichtfertig, denn es gibt im Moment wenig Ausbildungsplätze. Reden Sie mit der Jugend- und Azubi-Vertretung, mit Ihrem Ausbilder oder einer anderen Person Ihres Vertrauens. Stimmt das Klima in Ihrem Betrieb nicht? Haben Sie sich für einen anderen Beruf entschieden? Falls ja, dann informieren Sie sich gründlich über Ihren neuen Wunschberuf, damit Sie nicht ein zweites Mal in dieses Dilemma kommen. Vereinbaren Sie am besten eine Beratung mit einem Berufsberater, bevor Sie kündigen.

HINWEIS

Manche Berufsanfänger sind es nicht gewöhnt, acht Stunden am Tag zu sitzen oder lange zu stehen. Die körperliche Umstellung auf das Arbeitsleben fällt ihnen schwer. Sorgen Sie für Ausgleich durch Sport und ausreichend Schlaf. Nach ein paar Wochen wird Ihnen die Arbeit leichter von der Hand gehen.

Wenn Ihnen Ihr Arbeitgeber kündigt, können Sie sich damit trösten, dass Sie kein Einzelfall sind. Nach Angaben des Statistischen Bundesamts werden 22 Prozent aller Ausbildungsverhältnisse vorzeitig beendet. Diese Zahl bezieht sich auf die gesamte Ausbildungszeit und auf Kündigungen von Azubis und von Ausbildenden. Immerhin ist jeder fünfte Azubi betroffen. Fragen Sie Ihren Ausbilder unter vier Augen nach den Gründen für die Kündigung. Wichtig: In der Probezeit ist der Arbeitgeber nicht dazu verpflichtet, sie Ihnen mitzuteilen. Führen Sie ein ruhiges, sachliches Gespräch.

Falls es an Ihren Leistungen, Ihrer Arbeitshaltung oder Ihrem Benehmen gegenüber Kunden oder Kollegen lag, denken Sie darüber nach, was Sie verändern können. Möglicherweise haben die Umstände aber gar nichts mit Ihrer Person zu tun: Die Auftragslage hat sich verschlechtert, die Firma hat einen wichtigen Kunden verloren. Der Chef will Geld sparen. Oder Sie passen einfach nicht in den Betrieb. Die persönliche Chemie stimmt nicht. Sie sind zu still, zu aufgeweckt, zu klug. Ja, auch das gibt es. Manche Menschen, die in einem Ausbildungsberuf tätig sind, haben etwas gegen „Studierte". Wenn Sie ein Studium abgebrochen und sich für eine Ausbildung entschieden haben, wird Ihnen möglicherweise nachgesagt, dass Sie immer alles besser wissen, obwohl das gar nicht stimmt.

Ein vorzeitig gelöster Ausbildungsvertrag muss bei einer neuen Bewerbung kein Makel sein, wenn Sie sachlich begründen, warum Sie sich getrennt haben. Verzichten Sie im Vorstellungsgespräch darauf, über Ihren ehemaligen Arbeitgeber oder über Ihren Ausbilder zu schimpfen oder sich lang und breit zu rechtfertigen. Das macht einen schlechten Eindruck. Falls Sie nach den Gründen nach der Kündigung gefragt werden, nennen Sie möglichst solche, die mit Ihrer Person nichts zu tun haben (siehe oben). Die Gründe sollten aber der Wahrheit entsprechen.

HINWEIS Nach Angaben des Bundesbildungsministeriums findet sich der größte Anteil von vorzeitig gelösten Ausbildungsverträgen im Handwerk (knapp 30 Prozent), der niedrigste im öffentlichen Dienst (7,5 Prozent). Dass das Handwerk so stark vertreten ist, mag damit zusammenhängen, dass die Betriebe oft recht klein sind, und es sich schnell zeigt, wenn die Chemie nicht stimmt.

In einem fremden Ort leben

Sind Sie wegen der Ausbildung in einen anderen Ort gezogen? Dann möchten Sie sicher auch neue Kontakte knüpfen. Beim Sport können Sie sich entspannen und nette Menschen treffen. Schließen Sie sich einem Verein an, oder buchen Sie ein Probetraining in einem Fitnesscenter. Vielleicht haben Sie ein Hobby, das Sie pflegen wollen. Im Internet, im Telefonbuch, in Broschüren und auf Faltzetteln, die in Cafés, Klubs und in manchen Behörden ausliegen, finden Sie die Adressen und Telefonnummern von Vereinigungen, Chören, politischen Gruppen – was immer Sie interessiert.

In der Berufsschule und im Ausbildungsbetrieb lernen Sie andere Azubis kennen. Wenn Sie sich nicht trauen, sich mit ihnen fürs Kino zu verabreden, können Sie um Hilfe bei einem fachlichen Problem bitten. Oder schlagen Sie vor, für die Zwischenprüfung gemeinsam zu lernen.

In größeren Unternehmen werden die Azubis eines Jahrgangs in Gruppen gefasst. Regen Sie eine Kennenlernrunde nach der Arbeit an. Schlagen Sie ein Café oder einen anderen Ort außerhalb des Betriebsgeländes vor. Vereinbaren Sie, dass Sie sich regelmäßig treffen, z. B. ein Mal im Monat.

Mit wenig Geld auskommen

Als Azubi haben Sie mehr Geld als die meisten Schüler, aber deutlich weniger als ältere Geschwister, die schon ausgelernt haben. Rechnen Sie nach Beginn der Ausbildung aus, welche festen Kosten jeden Monat anfallen. Dann wissen Sie, wie viel Ihnen für die Freizeit zur Verfügung steht. Denken Sie an folgende **Fixkosten**: Wohnen (inklusive Gas und Strom), Versicherungen, Telefon, Fahrtkosten (Nahverkehr, Reisen nach Hause), Essen, Kleidung, Körperpflege.

Die Agentur für Arbeit zahlt Menschen, die wegen der Ausbildung in einen anderen Ort ziehen müssen, die volljährig oder verheiratet sind oder ein Kind haben, eine **Berufsausbildungsbeihilfe**, BAB abgekürzt. Auf den Betrag werden die Ausbildungsvergütung, das Einkommen der Eltern und des Ehepartners angerechnet. Je mehr Sie verdienen, um so weniger Beihilfe bekommen Sie. Stellen Sie gleich zu Beginn der Ausbildung einen Antrag, denn die BAB wird nicht rückwirkend überwiesen. Bei der Gemeindeverwaltung können Sie einen Antrag auf **Befreiung von der Rundfunkgebühr** stellen und **Wohngeld** beantragen, sofern Sie einen Mietvertrag unterschrieben haben.

HINWEIS Falls Ihre Ausbildungsvergütung so hoch ist, dass Sie Steuern zahlen: Sammeln Sie die Quittungen für Arbeitskleidung, für Stifte, Hefte und Fachbücher, die Sie für die Berufsschule benötigen. Auch die Fahrtkosten können Sie von der Steuer absetzen.

Für den Urlaub, Hobbys und die finanzielle Sicherheit im Allgemeinen sollten Sie jeden Monat ein paar Euro zurücklegen. Folgendermaßen können Sie Geld sparen:

- Überall nach günstigen Konditionen und Ermäßigungen für Azubis fragen.
- Erkundigen Sie sich, ob die Hausrat-, Haftpflicht- und Rechtsschutzversicherungen Ihrer Eltern auch für Sie gelten. Falls ja: Sparen Sie eigene Beiträge.
- In das Deutsche Jugendherbergswerk eintreten: *www.jugendherberge.de*. Der Ausweis gilt auch im Ausland. Hostels und Herbergen sind billiger als Hotels.
- Hausrat und Kleidung auf Trödelmärkten und in Second-Hand-Läden kaufen. Die Kleinanzeigen von Stadtmagazinen lesen. Dort werden billige Sachen angeboten.
- Filme am Kinotag anschauen.
- Geld nur in Filialen der eigenen Bank abheben. So sparen Sie Gebühren. Das Konto nicht überziehen. Die Zinsen sind verdammt hoch.
- Zum Telefonieren vom Festnetz aus die billigen Vorwahlen eintippen. Welche gerade günstig ist, erfahren Sie aus der Tagespresse.

- Auf den Imbiss unterwegs, die Getränkedose und den Kaffee vom Kiosk verzichten. Auf der Straße speisen Sie teurer und ungemütlicher als zu Hause.

Nicht vergessen:

- ☐ Entscheiden Sie sich rechtzeitig für eine Krankenkasse.
- ☐ Besorgen Sie sich bei der Gemeindeverwaltung eine Lohnsteuerkarte.
- ☐ Informieren Sie sich, welche Kleidung in Ihrem Wunschberuf angemessen ist.
- ☐ Bringen Sie am ersten Arbeitstag wichtige Unterlagen mit.
- ☐ Seien Sie aufgeschlossen und freundlich.
- ☐ Beantragen Sie bei der Agentur für Arbeit Berufsausbildungsbeihilfe.
- ☐ Wenn Sie ein eigenes Dach über dem Kopf haben, steht Ihnen unter Umständen Wohngeld zu.
- ☐ Fragen Sie überall nach Ermäßigungen für Azubis.

Im Betrieb

Es ist nicht leicht, der/die Neue zu sein. Sie werden auf Schritt und Tritt beäugt, vielleicht auch von Kollegen und anderen Azubis „ausgetestet". Sie fügen sich in eine Abteilung oder Arbeitsgruppe ein, in der jeder Mitarbeiter seit längerem seine feste Rolle hat.

Da ist der ältere Kollege, der schon seit 20 Jahren bei der Firma angestellt ist. Seine Erfahrungen sind immens, allerdings ist er nicht mehr auf dem neuesten Stand, was die technische Entwicklung in der Branche anbelangt. Da ist die Tratschtante, die gern über andere herzieht und über fast alles im Betrieb Bescheid weiß. Da ist der Karrierist, der sich über andere hinwegsetzt, um seine Ziele durchzusetzen. Da ist die mütterlich wirkende Kollegin, die allen hilft, und der Experte, ein Ass auf seinem Gebiet.

In den kommenden Jahren werden auch Sie Ihre Rolle finden. Vorläufig sind Sie für die Kollegen ein unbeschriebenes Blatt. Seien Sie zu allen freundlich, halten Sie sich raus, wenn über andere getratscht und gelästert wird. Als der/die Jüngste in der Abteilung haben Sie die schwächste Position und ziehen dabei nur den Kürzeren.

Der Ausbilder sagt Ihnen, wo's langgeht. Er teilt Ihnen Arbeit zu und beantwortet Ihre Fragen. Er ist Ihnen gegenüber weisungsbefugt. Tatenlos herumzustehen macht einen schlechten Eindruck. Geben Sie also Bescheid, wenn Sie mit einer Aufgabe fertig sind. Aber warten Sie einen Moment, wenn Ihre Kollegen gerade viel um die Ohren haben. Was tun, wenn Ihnen ein anderer Mitarbeiter einen Auftrag erteilt? Sprechen Sie das in jedem Fall mit Ihrem Ausbilder ab. Sonst geraten Sie in Konflikte.

Beispiel:
Karsten ist Azubi in einem Warenhaus. Im Auftrag seines Ausbilders stellt er gerade Waren in ein Regal, als plötzlich Herr Schmidt aus der Sportabteilung neben ihm steht. „Kannst du mal die Kartons ins Lager tragen?“, fragt er und weist auf einen großen Packen. Karsten macht sich an die Arbeit. Als er nach einer halben Stunde zurückkehrt, ist sein Ausbilder ziemlich wütend. Das Regal ist immer noch halb leer, und eine Kundin ist über die Waren gestolpert. Außerdem hat der Ausbilder Karsten überall gesucht.

Viele Chefs wollen, dass Azubis „die Arbeit sehen“ – sie von sich aus erledigen, ohne dass sie dazu aufgefordert werden. Zu Beginn Ihrer Ausbildung kann das kaum von Ihnen verlangt werden. Sie müssen den Betrieb erst einmal kennen lernen und verstehen, was wohin gehört und nach welchem System beispielsweise die Ware ins Regal eingeräumt wird. Weisen Sie freundlich darauf hin, wenn Sie etwas noch nicht können. Das ist besser, als Briefe an der falschen Stelle abzulegen, Werkzeug zu beschädigen oder einen Kunden zu verärgern. Je länger Sie im Betrieb sind, umso mehr Selbständigkeit wird von Ihnen erwartet.

Pflichten des Azubi und des Ausbildenden

Das Berufsbildungsgesetz legt die Pflichten von Azubis und Ausbildenden fest. Ihre Pflicht ist es, zu lernen und die Aufgaben, die Ihnen übertragen werden, sorgfältig auszuführen. Sie müssen die Vorschriften zum Gesundheitsschutz beachten, sofern erforderlich Schutzkleidung anlegen und Werkzeuge, Werkstoffe, Geräte und Maschinen pfleglich behandeln. Außerdem müssen Sie zur Berufsschule gehen, an den Prüfungen teilnehmen, das Berichtsheft führen, die Betriebs- und Geschäftsgeheimnisse Ihres Arbeitgebers wahren. Das Berufsschulzeugnis zeigen Sie im Betrieb vor.

Auszubildende müssen ihre **Nebentätigkeiten** einschränken. Diese Jobs dürfen ihre Lernpflicht nicht beeinträchtigen. Jugendliche müssen außerdem die Regelungen für Menschen unter 18 berücksichtigen: Die Arbeitszeit im Ausbildungsbetrieb plus die Zeit, die mit der Nebentätigkeit verbracht wird, darf acht Stunden nicht überschreiten.

Nebentätigkeiten sind grundsätzlich genehmigungspflichtig.

Ob Azubis sich an **Streiks** beteiligen dürfen, haben die Juristen noch nicht eindeutig geklärt. Jedoch sind Warnstreiks nach einer Entscheidung des Bundesarbeitsgerichts grundsätzlich zulässig. Der Grund: Dadurch wird das Ziel der Ausbildung nicht gefährdet. Wenn der Streik länger dauert, kann das allerdings der Fall sein. Beteiligt sich der Azubi am Streik, muss der Ausbildende ihm die Vergütung nicht weiter bezahlen. Der Azubi darf nicht ausgesperrt werden, denn dann könnte er seiner Lernpflicht nicht nachkommen.

Der Ausbildende ist dazu verpflichtet, Ihnen auf der Basis der Ausbildungsordnung die Fertigkeiten und Kenntnisse Ihres Berufes zu vermitteln. Das klingt simpel, ist aber wichtig: Sie sollen wirklich etwas lernen und Ihre Ausbildungszeit nicht mit Hilfstätigkeiten und Handreichungen vertrödeln. Für jeden Azubi gibt es deshalb einen betrieblichen **Ausbildungsplan**. Er muss schriftlich vorliegen und Ihnen ausgehändigt werden, am besten als Anlage des Ausbildungsvertrages.

Nach dem Berufsbildungsgesetz ist der Ausbildende verpflichtet, den Azubi charakterlich zu fördern, sittlich und körperlich nicht zu gefährden. Er muss ihn zur Berufsschule anmelden und ihn für den Besuch von der Arbeit befreien. Der Azubi kann während der Arbeitszeit auch zu Seminaren außerhalb der Firma gehen – im Behördendeutsch heißen sie **„außerbetriebliche Ausbildungsmaßnahmen"**.

Der Ausbildende stellt die **Arbeitsmittel** – also Werkzeuge, Werkstoffe, Geräte, Maschinen. Die **Lernmittel** für die Berufsschule braucht er nicht zu bezahlen. In einigen Bundesländern gelten allerdings Sonderregelungen. **Ausbildungsfremde Aufgaben** kann der Azubi ablehnen (siehe *Alles Routine?*).

Alles Routine?

Kennen Sie das Sprichwort „Lehrjahre sind keine Herrenjahre"? Zwar spricht man inzwischen von Ausbildungsjahren, doch die Botschaft ist noch aktuell. „Unser Azubi" ist nach Ansicht vieler Menschen gleichbedeutend mit „muss noch viel lernen" (was natürlich stimmt) und „kann auch die Jobs machen, die sonst keiner übernehmen will". Zum Beispiel die Werkhalle fegen, die Küche säubern und den Müll zum Container tragen.

Manche Azubis beklagen sich darüber, dass sie oft langweilige Routineaufgaben erledigen müssen. Eine junge Frau, die bei einer Steuerberaterin lernt, ist wochenlang damit beschäftigt, die Ausgaben der Mandanten zusammenzurechnen, die Summen zu notieren und die Zettel abzuheften. Das sei eintönig, findet sie. Das Buchungssystem habe sie außerdem schon lange verstanden. Ob sie nicht endlich etwas anderes machen könne? „Das Buchen ist die Grundlage unserer Arbeit", entgegnet die Steuerberaterin. „Wenn wir die Ausgaben nicht zusammenrechnen, können wir nicht ermitteln, wie viel Steuern die Mandanten zahlen müssen."

Routineaufgaben und dröge Arbeiten gehören zu jedem Job. Auch nach der Ausbildung werden Sie sich damit herumschlagen müssen. Es gibt nun mal keine Roboter, die Rechnungen abheften, Hobelspäne zusammenfegen und Tische abwischen. Wenn es Ihnen auf den Keks geht, denken Sie daran, dass Sie die schönen Seiten Ihres Berufes umso mehr schätzen können, wenn Sie auch die öden kennen. Stellen Sie sich vor, Sie sind später selbst Chef. Haben Sie all diese Arbeiten einmal selbst ausgeführt, wissen Sie, wie viel Zeit dafür nötig ist und wie viel Mühe es macht. Sie können die Kräfte Ihrer Mitarbeiter besser einschätzen und sinnvolle Entscheidungen treffen. Sie werden mit Fug und Recht von sich sagen können, dass Sie Ihren Beruf von der Pike auf erlernt haben.

Allerdings sind Sie nicht dazu verpflichtet, **ausbildungsfremde Aufgaben** zu übernehmen. Falls sie Ihnen regelmäßig übertragen werden, sollten Sie sich ausdrücklich dagegen wehren. Wenn Sie über längere Zeit mit etwas anderem beschäftigt sind als mit dem, was Ihr Ausbildungsplan vorsieht, laufen Sie Gefahr, durch die Prüfung zu fallen. Da müssen Sie nämlich nachweisen, dass Sie Ihren Beruf beherrschen.

Eine ausbildungsfremde Aufgabe ist eine Tätigkeit, für die Sie nicht qualifiziert sind und die nicht zu Ihrem Berufsbild gehört. Dazu gehören nach Auskunft des Deutschen Gewerkschaftsbundes (DGB) regelmäßiges Putzen, Botengänge, Auto waschen und Rasen mähen – natürlich nur, sofern das nicht Ihrem Beruf entspricht. Als Gebäudereinigerin werden Sie selbstverständlich putzen, als Gärtner den Rasen mähen. Wenn Sie selten zu einer ausbildungsfremden Aufgabe herangezogen werden, sollten Sie flexibel sein und darüber hinwegsehen. Geschieht es häufig, wenden Sie sich an die Jugend- und Azubivertretung, den Betriebsrat, oder klicken Sie die Internetseite *www.*

dr-azubi.de des DGB an. Dort werden Sie kostenlos und anonym beraten.

Beispiel:
Sebastian lernt Schlosser in einem mittelständischen Betrieb. Er soll den Privatwagen seines Chefs waschen, dessen Pakete zur Post tragen und dessen Garten pflegen. Mit diesen Tätigkeiten ist er mehrere Stunden pro Woche beschäftigt. Da es in der Firma keine Jugend- und Azubivertretung gibt, wendet sich Sebastian an den Betriebsrat. Der führt ein Gespräch mit dem Chef und weist ihn auf den Ausbildungsplan hin.

Lehrgespräche

Ihr Ausbilder führt mit Ihnen und den anderen Azubis Lehrgespräche. Will heißen: Er vermittelt Ihnen Fachkenntnisse. Manche Ausbilder nutzen die Lehrgespräche, um mit den Azubis über ihre Arbeitshaltung, ihr Verhalten gegenüber Kollegen, Kunden, Patienten oder Mandanten zu reden. Er lobt und sagt, was sie besser machen können.

Vielleicht wird in Ihrem Betrieb das Wort Lehrgespräch gar nicht verwendet. Trotzdem müssen Sie regelmäßig von Ihrem Ausbilder eine Rückmeldung bekommen. Er sollte sein Fachwissen an Sie weitergeben. Das kann folgendermaßen aussehen: In einer Großküche erklärt der Ausbilder den jungen Köchen, was die Abkürzung „Fett i. Tr." bedeutet, die auf der Käseverpackung steht – „Fett in der Trockenmasse". Er beschreibt, wie sich einzelne Käsesorten voneinander unterscheiden, wie sie gelagert und verwendet werden. In einem Friseursalon erläutert die Chefin die Wirkung von Haarfärbemitteln.

Halten Sie Papier und Stift bereit, um sich Notizen zu machen. Sie können auch das Berichtsheft benutzen, sofern Sie eins mit Tageseinteilung haben.

Das Berichtsheft

Im Amtsdeutsch wird das Berichtsheft auch „schriftlicher Ausbildungsnachweis" genannt. Es gibt sie mit Tages- und mit Wocheneinteilung. Sie tragen ein, welche Aufgaben Sie erledigt haben. Außerdem protokollieren Sie Lehrgespräche. Stichworte reichen in der Regel aus. Anhand des Berichtsheftes kann später nachgewiesen werden, ob der Ausbildungsplan erfüllt wurde. Wichtig: Manche Ausbilder wollen vermeiden, dass die Azubis ausbildungsfremde Tätigkeiten vermerken. Sprechen Sie in dem Fall mit der Jugend- und Azubivertretung oder dem Betriebsrat.

Manche Ausbilder legen viel Wert auf das Berichtsheft und lesen den Text gründlich. Andere werfen nur einen flüchtigen Blick hinein. Trotzdem sollten Sie diese Pflicht ernst nehmen und nicht zu lange mit dem Ausfüllen warten. Mit einem unvollständigen Berichtsheft laufen Sie Gefahr, nicht zur Prüfung zugelassen zu werden.

Beispiel:
Berichtsheft einer Friseurin, Donnerstag, 17. November

Arbeiten, Lehrgespräche	***Einzelstunden***
Beim Haarewaschen und Frisieren geholfen	*5*
Lager aufgeräumt	*2*
Ware in die Regale einsortiert	*1*

Umgangsformen

Jeder Betrieb ist ein wenig anders. In einem duzen sich alle Mitarbeiter, im nächsten wird der Chef gesiezt und alle anderen sprechen sich mit „Du“ an, im dritten duzen sich nur die Jüngeren oder die Kollegen, die schon länger mit dabei sind. Von sich aus sollten Sie keinen Kollegen duzen – mit Ausnahme der anderen Azubis und der Schülerpraktikanten. Warten Sie darauf, dass Ihnen das „Du“ angeboten wird. Kunden, Patienten und Mandanten müssen Sie auf jeden Fall siezen, auch, wenn Sie in Ihrem Alter sind. Nur Kinder duzen Sie. Siezen Sie lieber einmal mehr, wenn Sie unsicher sind, welches die richtige Anrede ist.

Gute Umgangsformen sind wieder in Mode. Damit ist gemeint, dass Sie „bitte“ und „danke“ sagen, zu allen höflich sind und im Gespräch den richtigen Ton treffen. Gutes Benehmen hat nichts mit Unterwürfigkeit zu tun, sondern eher etwas mit Selbstbewusstsein. Wenn Sie freundlich und höflich sind, sind Sie weniger angreifbar. Sie können ungerechtfertigte Kritik an sich abprallen lassen und hinterher darüber lächeln. Darüber hinaus ist das (Berufs-)Leben angenehmer, wenn die Menschen freundlich zueinander sind. Wenn einzelne Kollegen sich gelegentlich gehen lassen, heißt das nicht, dass man Ihnen, dem Azubi, den gleichen Fehltritt nachsehen würde.

In folgenden Branchen riskieren Sie eine Kündigung, wenn Sie diese Spielregel nicht beachten: in der Gastronomie und Hotellerie, im Gesundheitswesen, im Einzelhandel, in Rechtsanwaltskanzleien, Banken, in Handwerksbetrieben – kurz: überall dort, wo Sie viel mit Betriebsfremden zu tun haben. Auch wenn die Kunden unangenehm sind, maßlose Forderungen haben oder Sie wegen Dingen anmeckern, für die Sie nicht verantwortlich sind, sollten Sie nie das Gesicht verlieren und ebenfalls schimpfen. Als Azubi sind Sie nicht verantwortlich dafür, die grundlegenden Probleme Ihres Ausbildungsbetriebes zu lösen. Bitten Sie die Kunden, sich an Ihren Chef oder einen anderen Kollegen zu wenden. Noch besser: Holen Sie selbst den Chef.

Beispiel:
Herr M. ist Ausbilder in einem Warenhaus. Er sagt: „Manche Azubis begrüßen die Kunden mit ‚Hi' oder ‚Hallo'. Das ist aber kein ordentliches Deutsch. Ich erwarte, dass sie ‚Guten Morgen' oder ‚Guten Tag' sagen. Sie können sich auch für den Einkauf bedanken. Privates hat am Arbeitsplatz nichts zu suchen. Kein Kaugummi im Mund, keine auffälligen Piercings, keine Gespräche mit dem Mobiltelefon."

Wie schon erwähnt, müssen Sie über **Betriebs- und Geschäftsgeheimnisse** Stillschweigen wahren. Dazu gehören beispielsweise Namen und Anschriften von Kunden, Kontonummern, Details über die firmeninterne EDV, Fakten über neue Produkte und die Umsatzentwicklung im Betrieb. Auch Mitteilungen darüber, warum Ihr Chef in eine andere Filiale versetzt wurde und welcher Kollege ein Alkoholproblem hat, sollten Sie lieber unterlassen. Die privaten Geschichten einzelner Mitarbeiter sind zwar in der Regel kein Betriebsgeheimnis, aber es ist trotzdem nicht nett, darüber zu tratschen.

Während der Arbeitszeit dürfen Sie nur dann **zu privaten Zwecken im Internet surfen**, wenn Ihr Ausbilder es ausdrücklich gestattet. Bitten Sie besser nicht um die Erlaubnis, denn das macht einen schlechten Eindruck. Schreiben Sie im Betrieb keine privaten E-Mails und schon gar keine Bewerbungen um einen anderen anderen Ausbildungsplatz. Falls Ihnen in der Firma eine E-Mail-Adresse eingerichtet wurde, nutzen Sie sie ausschließlich für Berufliches. Fragen Sie Ihren Ausbilder, ob Sie in der Pause **privat telefonieren** dürfen, und fassen Sie sich kurz.

In manchen Betrieben herrscht ein generelles **Rauchverbot** – beispielsweise in Küchen und Arztpraxen.

Nicht vergessen:

- Behandeln Sie Werkzeuge und Maschinen pfleglich.
- Falls nötig: Tragen Sie Schutzkleidung.
- Führen Sie regelmäßig das Berichtsheft.
- Wahren Sie Betriebs- und Geschäftsgeheimnisse.
- Seien Sie vorsichtig mit dem Duzen.
- Kein Kaugummi am Arbeitsplatz.
- Beachten Sie das Rauchverbot.

In der Schule

Ein bis zwei Wochentage verbringen Sie in der Berufsschule. Zu Beginn der Ausbildung gibt es dort Kennenlernrunden und Willkommensveranstaltungen. Die Schülersprecher stellen sich vor. Falls Sie in einem kleinen Betrieb angestellt sind, in dem es außer Ihnen keine Azubis gibt, sollten Sie die Berufsschultage besonders intensiv nutzen, um Kontakte zu anderen Azubis zu knüpfen. Sie können sich über Ihre Arbeit austauschen und gemeinsam für die Prüfungen lernen. Tauschen Sie Ihre Telefonnummern aus. Telefonieren Sie am besten nach der Arbeitszeit, da haben Sie mehr Ruhe.

Lernen leicht gemacht

Der Berufsschulunterricht ist zum Einen so, wie Sie es von früher gewöhnt sind: Der Lehrer trägt den Stoff vor, Sie lösen Aufgaben oder diskutieren über ein Thema. Zum Anderen wird von Ihnen mehr Selbstständigkeit erwartet. Sie halten Referate, sind in einer Arbeitsgruppe oder fertigen nach einer Vorgabe eine technische Zeichnung an (natürlich nur, wenn das zu Ihrem Job gehört). Oft gelingt es recht gut, den Unterrichtsstoff auf das abzustimmen, was in Ihrem Ausbildungsbetrieb geschieht. Es ist jedoch nicht immer möglich, da die Azubis in verschiedenen Firmen arbeiten.

Hier ein paar Anregungen zum leichten Lernen:

Referate: Schreiben Sie keine vollständigen Sätze auf Ihren Notizzettel, machen Sie sich stattdessen Stichpunkte. Markieren Sie das Wichtigste mit einem roten Stift. Verwenden Sie nur Fremdwörter, die Sie verstehen. Suchen Sie notfalls in einem Fachbuch oder einem Lexikon nach einfachen Erklärungen. Formulieren Sie am Ende eine Zusammenfassung – nicht mehr als fünf Sätze. Tragen Sie das Referat probeweise einem Freund vor. Fragen Sie ihn hinterher, was ihm an Ihrem Vortrag gefallen hat, was ihm unklar ist, woran Sie noch arbeiten müssen. Sprechen Sie langsam und deutlich. Es ist völlig in Ordnung, während des Referates Pausen zu machen. Wenn Sie stecken bleiben und nicht weiter wissen, fassen Sie das bisher Gesagte zusammen. Orientieren Sie sich dabei an den Passagen, die Sie rot markiert haben.

Fremdsprachen lernen: In Schreibwarenläden sind Karteikarten erhältlich. Notieren Sie je ein neues Wort auf einer Karte. Die deutsche Übersetzung kommt auf die Rückseite. Sammeln Sie die Karten, bis Sie mindestens zehn haben. Lesen Sie sie morgens und abends je einmal durch. Sprechen Sie das Wort dabei laut aus. Gucken Sie nur dann auf die Seite mit der deutschen Übersetzung, wenn sie Ihnen nicht einfällt. Nutzen Sie die Karten, um sich von einem Freund abfragen zu lassen. Sind Sie sich sicher, dass Sie ein Wort beherrschen, sortieren Sie die Karte aus.

Komplizierter Fachtext: Überfliegen Sie ihn zunächst einmal. Versuchen Sie, die wichtigsten Aussagen zu verstehen, ohne sich in Einzelheiten zu vertiefen. Formulieren Sie die wichtigsten Aussagen mit Ihren eigenen Worten, und notieren Sie sie auf einem Zettel. Schreiben Sie nicht mehr als vier, fünf Sätze. Schauen Sie nach, ob es eine einfache Zusammenfassung des Textes gibt. Sie steht in manchen Fachbüchern am Ende des Kapitels oder im Anhang. Nun lesen Sie den Text noch einmal. Markieren Sie Fremdwörter und Fachbegriffe, die Sie nicht kennen. Schlagen Sie sie in einem Lexikon nach. Verstehen Sie den Text immer noch nicht? Dann gucken Sie nach, was in Lexika und anderen Fachbüchern über das Thema steht. Tippen Sie den Namen des Autors oder das Thema im Internet in eine Suchmaschine ein. Sicher finden Sie dort eine Darstellung zum Thema. Seriöse Internetseiten (von Berufsverbänden, Firmen, Behörden und Verlagen) sind für Ihre Suche ergiebiger als die von Privatpersonen.

Einen längeren Text schreiben: Über was wollen Sie schreiben? Formulieren Sie in vier, fünf Sätzen Ihre wichtigsten Gedanken zum Thema – Ihre These oder Kernaussage. Anschließend machen Sie sich ausführlich Stichpunkte: Überlegen Sie, was Sie noch lesen oder in einem Buch nachschlagen müssen. Vermeiden Sie langatmige Erklärungen und Fremdwörter, die Sie nicht verstehen. Überlegen Sie, wie Sie die Stichpunkte ordnen können. Womit fangen Sie an, was kommt ans Ende des Textes? Nachdem die Gliederung feststeht, schreiben Sie den Text auf, ohne auf den Stil zu achten. Tun Sie einfach so, als verfassten Sie eine E-Mail an einen Freund. Lassen Sie den Text anschließend eine Weile liegen, z. B. über Nacht. Überarbeiten Sie ihn. Tilgen Sie Wiederholungen. Kurze Sätze mit fünf bis zwölf Wörtern können die Leser am leichtesten erfassen. Kontrollieren Sie Rechtschreibung und Grammatik. Bitten Sie einen Freund, Ihr Werk zu lesen. Er soll Fehler ausmerzen und sagen, was ihm unklar geblieben ist. Heben Sie gelungene Texte auf, und benutzen Sie sie zukünftig als Vorlage.

Den roten Faden verloren: Sie blicken in einem Fach gar nicht mehr durch? Schwänzen bringt Sie nicht weiter. Fehltage sind sogar ein Grund für eine Kündigung. Sprechen Sie mit dem Lehrer und beraten Sie, wie Sie den Stoff nachholen können. Es gibt auch Unterstützung von der Agentur für Arbeit (siehe *Ausbildungsbegleitende Hilfen*).

Ausbildungsbegleitende Hilfen

Die ausbildungsbegleitenden Hilfen (abH) sind ein Angebot der Agentur für Arbeit. Sie werden pro Jahr von etwa 60.000 Azubis wahrgenommen. Wenden Sie sich an einen Mitarbeiter, wenn das Folgende auf Sie zutrifft:

- Sie haben große Bildungslücken.
- Ihnen fehlt Fachwissen. Theorie ist nicht Ihre Stärke.
- Sie haben Probleme mit der deutschen Sprache. Sie können sich nicht ausdrücken, machen beim Schreiben viele Fehler.
- Sie können sich nicht auf den Unterrichtsstoff konzentrieren, haben übermäßig viel Angst vor der Prüfung.

- Sie finden sich in Ihrem Ausbildungsbetrieb und an der Berufsschule nicht zurecht. Zu Hause bekommen Sie keine Unterstützung.
- Sie wissen gar nicht, wie es mit Ihnen beruflich weitergehen soll.

Verlieren Sie keine Zeit, denn unter Umständen ist Ihr Abschluss gefährdet. Zusätzlich zur Berufsschule finanziert Ihnen die Agentur für Arbeit drei bis acht Stunden Nachhilfe pro Woche. Sie werden in kleinen Gruppen unterrichtet und betreut. Sie können beispielsweise Ihre Kenntnisse in Deutsch und Mathe verbessern. Voraussetzung dafür ist, dass Sie einen Ausbildungsvertrag haben und dass Ihr Betrieb bereit ist, mit dem Bildungsträger zusammenzuarbeiten, der die Nachhilfe übernimmt. Ausbildungsbegleitende Hilfen können sogar noch gezahlt werden, nachdem die Ausbildung beendet oder abgebrochen wurde. Dann heißen sie Übergangshilfen.

Nicht vergessen:

- Knüpfen Sie an der Berufsschule Kontakte zu anderen Azubis.
- Vermeiden Sie komplizierte Erklärungen, wenn Sie ein Referat halten.
- Schlagen Sie Fachwörter im Lexikon nach.
- Beantragen Sie bei der Agentur für Arbeit ausbildungsbegleitende Hilfen.

Die Prüfungen

Wenn Sie einen staatlich anerkannten Ausbildungsberuf erlernen, haben Sie eine Zwischen- und eine Abschlussprüfung. In beiden werden praktische und theoretische Kenntnisse abgefragt. In der Zwischenprüfung zeigt sich, wie Ihr Wissensstand ist. Falls notwendig, können Sie in der verbleibenden Ausbildungszeit Unterrichtsstoff nachholen. In der Abschlussprüfung werden Sie über das gesamte Fachgebiet examiniert.

In den vergangenen Jahren wurde für einige Berufe die gestreckte Abschlussprüfung eingeführt. Das heißt, dass die einzelnen Teile der Prüfung zu einem unterschiedlichen Zeitpunkt stattfinden.

Neu: Nach dem Berufsbildungsreformgesetz ist keine Zwischenprüfung mehr notwendig, wenn die Abschlussprüfung gestreckt wird. Sie wird durch den ersten Teil der Abschlussprüfung ersetzt.

Verkürzung und Verlängerung der Ausbildung

Wenn Sie gute Leistungen zeigen, können die Prüfungen vorgezogen werden. Dadurch wird die Ausbildung verkürzt (siehe auch Kapitel *Der Ausbildungsvertrag*). Die Vereinbarung mit Ihrem Ausbildenden müssen Sie allerspätestens ein Jahr vor dem geplanten Ende der Ausbildung treffen.

Neu: Den Antrag richten Azubi und Arbeitgeber **gemeinsam** an die Kammer.

Falls die Kammer Ihren Wunsch nicht erfüllt, können Sie dagegen Widerspruch einlegen und sogar klagen. Der Bundesausschuss für Berufsbildung gibt folgende Empfehlungen:

- Hat der Azubi die Fachhochschul- oder Hochschulreife, wird die Ausbildung um mindestens zwölf Monate verkürzt.
- bei Fachhochschulreife in der entsprechenden Fachrichtung oder einem gleichwertigen Abschluss bis zu 24 Monate
- bei Realschul- oder gleichwertigem Abschluss um sechs Monate
- Ist der Azubi älter als 21 Jahre, kann die Ausbildung um zwölf Monate gekürzt werden.

HINWEIS

In einigen Bundesländern ist das Berufsgrundbildungsjahr populär. Die Schüler werden mit berufsbezogenen Fächern wie Metalltechnik, Elektrotechnik, Wirtschaft und Verwaltung auf das Arbeitsleben vorbereitet. Wird das Berufsgrundbildungsjahr erfolgreich abgeschlossen, kann die Zeit anschließend auf die Ausbildung angerechnet werden.

Es können gleichzeitig mehrere Gründe für die Verkürzung der Ausbildung wirksam werden. Damit die Ausbildung trotzdem in die Tiefe geht, empfiehlt der Bundesausschuss für Berufsbildung folgende Mindestdauer:

- Dauert die Ausbildung normalerweise dreieinhalb Jahre, kann sie auf mindestens 24 Monate verkürzt werden.
- bei dreijähriger Ausbildung – mindestens 18 Monate
- bei zweijähriger Ausbildung – mindestens 12 Monate

Ihre Ausbildung kann auch verlängert werden, wenn Sie lange krank waren, ein Kind erziehen, fachliche Lücken haben oder aus einem anderen wichtigen Grund. Wenn Sie die Abschlussprüfung nicht bestehen, verlängert sich die Ausbildung bis zur Wiederholungsprüfung, und zwar um höchstens ein Jahr.

Formalitäten

Sind Sie jünger als 18? Dann müssen Sie vor dem Ende des ersten Ausbildungsjahres wieder zum Arzt. Die Bescheinigung über die **Nachuntersuchung** legen Sie dem Betrieb vor.

Der Ausbilder muss Jugendliche am Tag vor der schriftlichen Abschlussprüfung von der Arbeit freistellen. Wichtig: Das gilt nicht für die Zwischenprüfung, wohl aber für die Wiederholung der Abschlussprüfung. Folgt der Prüfungstag auf einen Tag, an dem der Azubi ohnehin frei hat, etwa auf einen Sonntag oder Feiertag, erhält er keinen zusätzlichen freien Tag.

Während der Prüfung sitzt oder steht Ihnen ein Prüfungsausschuss gegenüber. Wer dazu gehört, bestimmt die Kammer. Der Prüfungsausschuss hat mindestens drei Mitglieder; eine Begrenzung nach oben gibt es nicht. Das ist mindestens je ein Vertreter der Arbeitgeber und der Arbeitnehmer und außerdem ein Berufsschullehrer. Für die Abschlussprüfung legt die Industrie- und Handelskammer (IHK) in der Regel zwei Termine pro Jahr fest. Die Prüfung kann zwei Mal wiederholt werden, allerdings nur, wenn der Azubi sie nicht bestanden hat. Es ist nicht möglich, mit einer erneuten Prüfung das Ergebnis zu verbessern.

Der Azubi wird zur Abschlussprüfung zugelassen, wenn:

- er die Ausbildungszeit hinter sich hat oder seine Ausbildung nicht später als zwei Monate nach dem Prüfungstermin endet.

- er das Berichtsheft ordentlich geführt und an der Zwischenprüfung teilgenommen hat.
- sein Ausbildungsvertrag bei der Kammer registriert wurde (siehe *Die Kammern*).

Beispiel:
Eine Prüfungsaufgabe an einen Kaufmann für Bürokommunikation: Erstellen Sie eine Excel-Tabelle!

Vorbereitung auf die Prüfung

Haben Sie Angst vor der Prüfung? Dann helfen Ihnen folgende Tipps weiter:

- Beginnen Sie schon mehrere Wochen vor dem Termin mit den Vorbereitungen. Machen Sie sich einen Plan, was Sie bis wann gelesen, eingeübt und auswendig gelernt haben müssen. Fangen Sie mit einem Gebiet an, das Ihnen schwer fällt. Wiederholen Sie komplizierte Themen mehrmals.
- Bilden Sie mit anderen Azubis Lerngruppen. Treffen Sie sich ein Mal pro Woche, vor der Prüfung auch öfter. Fragen Sie sich gegenseitig ab.
- Fragen Sie Ihren Lehrer/Ausbilder nach Fragen von vorangegangenen Prüfungen. Bitten Sie darum, im Unterricht eine Prüfung durchzuspielen.
- Blicken Sie gar nicht durch? Dann sollten Sie bei der Agentur für Arbeit ausbildungsbegleitende Hilfen beantragen (siehe gleichnamiges Kapitel). Und zwar rechtzeitig.

- Erkundigen Sie sich bei älteren oder ehemaligen Azubis, welche fachlichen Steckenpferde die Mitglieder des Prüfungsausschusses haben. Manche haben Lieblingsthemen, die sie jedes Jahr von Neuem abfragen.
- Wenn Sie in der Prüfung nicht weiter wissen: Bitten Sie den Prüfer, die Frage zu wiederholen. Lassen Sie sich erklären, was er meint. Wenn Sie in Ihren Ausführungen stecken bleiben, fassen Sie das bisher Gesagte kurz zusammen.
- Sprechen Sie in der Prüfung langsam und deutlich. Schauen Sie Ihre Zuhörer an.

Nicht vergessen:

- [ ] Beantragen Sie die Verkürzung der Ausbildungszeit.
- [ ] Wenn Sie noch minderjährig sind: Ab zur Nachuntersuchung!
- [ ] Lernen Sie rechtzeitig für die Prüfungen.
- [ ] Bitten Sie Ihren Berufsschullehrer, im Unterricht eine Prüfung durchzuspielen.
- [ ] Erkundigen Sie sich nach Fragen aus früheren Prüfungen.
- [ ] Wenn Sie in der mündlichen Prüfung den Faden verlieren, fassen Sie das bisher Gesagte kurz zusammen.
- [ ] Sprechen Sie langsam und deutlich.

Was tun, wenn ...

Falls Sie während der Ausbildung im Betrieb oder in der Berufsschule ein Problem haben, können Sie sich wenden an:

- die Jugend- und Auszubildendenvertretung. Sie ist Ihr erster Gesprächspartner bei Konflikten im Betrieb. Drei Beispiele: Sie bekommen laufend ausbildungsfremde Aufgaben, Ihr Ausbilder schikaniert sie, Sie werden wegen Ihrer ethnischen Herkunft diskriminiert.
- den Betriebsrat. Wenden Sie sich an die Gewerkschaftsvertreter, wenn es in Ihrem Betrieb keine Jugend- und Auszubildendenvertretung gibt oder wenn die nicht weiterhelfen kann.
- Ihren Ausbilder. Er erklärt Ihnen das Fachliche.
- Ihren Paten, falls vorhanden. Seine Aufgabe ist es, Ihre Eingewöhnung in den Betrieb zu erleichtern
- Ihren Berufsschullehrer. Reden Sie mit ihm, wenn Sie den Unterrichtsstoff nicht verstehen.
- den Schülersprecher an der Berufsschule. Er hilft, wenn Sie Probleme mit einem Lehrer haben.
- *www.dr-azubi.de*: Eine Webseite des Deutschen Gewerkschaftsbundes. Hier können Sie sich beraten lassen, wenn es in Ihrem Betrieb keine Jugend- und Auszubildendenvertretung und keinen Betriebsrat gibt.

- den Deutschen Gewerkschaftsbund. Vertritt seine Mitglieder in rechtlichen Fragen. Die Zentrale vermittelt gegebenenfalls an einen Fachberater.
- den Ausbildungsberater der Kammer. Bei den Kammern gibt es Schlichtungskommissionen, die bei Streitigkeiten zwischen Ausbildenden und Azubis vermitteln. Ehe Sie dort anrufen, wenden Sie sich an die Jugend- und Auszubildendenvertretung und den Betriebsrat.
- die Berufsberater der Agentur für Arbeit. Sie helfen weiter, wenn der Betrieb Pleite geht und Sie einen anderen Ausbildungsplatz suchen müssen. Lassen Sie sich dort beraten, wenn Sie glauben, dass Sie den falschen Beruf gewählt haben.

Schwangerschaft

Im Vorstellungsgespräch dürfen Frauen nicht gefragt werden, ob sie ein Kind erwarten. Das gilt auch für künftige Azubis. Wenn sich der künftige Arbeitgeber trotzdem danach erkundigt und die Frau ihn belügt, kann der Vertrag nicht wegen arglistiger Täuschung angefochten werden. Laut Gesetz muss die werdende Mutter den Betrieb über die Schwangerschaft und den vermutlichen Tag der Entbindung informieren. Wenn der Arbeitgeber es verlangt, muss sie das Zeugnis eines Arztes oder einer Hebamme vorlegen. Er darf Dritten gegenüber nichts über die Schwangerschaft sagen. Er ist allerdings verpflichtet, der zuständigen Behörde die Schwangerschaft mitzuteilen – in der Regel dem Gewerbeaufsichtsamt.

Die Ausbildungszeit kann durch die Schwangerschaft verlängert werden. Schwere körperliche Arbeit ist nicht gestattet. Der Ausbildende darf der Frau während der Schwangerschaft und vier Monate nach der Entbindung nicht kündigen. Das gilt allerdings nur, wenn dem Arbeitgeber die Schwangerschaft bzw. Entbindung bekannt war oder wenn er darüber bis zu zwei Wochen nach der Kündigung benachrichtigt wurde. Es gibt Ausnahmen: Einer Schwangeren oder jungen Mutter kann trotzdem gekündigt werden, wenn es für den Betrieb unzumutbar wäre, die Ausbildung weiterzuführen. Das wäre beispielsweise der Fall, wenn sie ihre Dienstpflichten sehr schwer verletzt. Die Frau darf hingegen fristlos kündigen – und zwar während der Schwangerschaft und in den vier Monaten nach der Entbindung. Auch ein Aufhebungsvertrag ist möglich. Bei Jugendlichen müssen die gesetzlichen Vertreter zustimmen, also die Eltern.

Sechs Wochen vor dem voraussichtlichen Tag der Entbindung darf die werdende Mutter nicht mehr arbeiten, es sei denn, dass sie es ausdrücklich wünscht. Sie kann das jederzeit widerrufen. Acht Wochen nach der Entbindung darf die Frau ebenfalls nicht arbeiten, auch nicht, wenn sie es möchte. Die Frist verlängert sich bei Früh- und Mehrlingsgeburten auf zwölf Wochen. Die Frau kann an Zwischen- und Abschlussprüfungen teilnehmen, sich jedoch auch mit einem ärztlichen Attest davon befreien lassen. Dann muss sie die Prüfung nachholen.

Mobbing, Belästigung, Diskriminierung

Seit zehn Jahren wird in Deutschland viel über Mobbing geredet. Im Fernsehen, im Radio und in den Zeitungen erscheinen Beiträge darüber. Die Gewerkschaften beraten die Opfer. Mobbing ist ein modischer Begriff für etwas, das es gibt, seitdem Menschen zusammen arbeiten: Schikane mit der Absicht, einem Kollegen das Leben schwer zu machen, ihn letztlich aus dem Betrieb zu vertreiben.

Mobbing hat verschiedene Ursachen. Es kann sein, dass Arbeitsprozesse in der Firma schlecht geregelt sind und eine Abteilung oder einzelne Angestellte übermäßig belastet werden, während andere wenig zu tun haben. Der Oberboss weiß es nicht, will es nicht wissen oder hat keine Lust, es zu verändern. Es kann sein, dass ein Mitarbeiter gern den Posten eines anderen haben möchte und ihn deshalb überall madig macht. Es kann auch sein, dass ein Kollege frustriert ist und seinen Ärger an anderen auslässt. Meist treffen sogar mehrere Aspekte zu.

Mobbing ist ein ernsthaftes Problem, ebenso wie sexuelle Belästigung und Diskriminierung wegen der ethnischen Herkunft. Wenn Sie davon betroffen sind, sprechen Sie mit der Jugend- und Azubivertretung oder dem Betriebsrat.

Ich werde ständig unterfordert

Zu Beginn der Ausbildung übernehmen Sie häufig einfache und Routineaufgaben (siehe *Alles Routine?*). Sich in den ersten Monaten über Unterforderung zu beklagen, ist sicher nicht sinnvoll, denn Sie lernen erst einmal den Betrieb und den Berufsalltag kennen. Haben Sie sich eingearbeitet, wird Ihr Ausbilder sicher merken, wie schnell und wie gut Sie sind. Falls nicht, können Sie ihm ruhig und freundlich sagen, dass Sie jetzt bereit sind, auch andere Aufgaben zu übernehmen. Einige große Betriebe, die Berufsverbände, Innungen und Kammern haben Förderprogramme für den talentierten Nachwuchs. Fragen Sie danach.

Krankheit, Unfall, Allergie

Wenn Sie während der Ausbildung krank werden, geben Sie am selben Tag dem Betrieb und der Berufsschule Bescheid und sagen Sie, wie lange Sie voraussichtlich arbeitsunfähig sind. Welche Krankheit Sie haben, brauchen Sie nicht zu verraten. Vom Arzt kriegen Sie zwei Zettel – einen schicken Sie an die Krankenkasse. Der zweite, auch Krankenschein genannt, sollte innerhalb von drei Tagen dem Arbeitgeber vorliegen.

Gegen Arbeits- und Wegeunfälle versichert Sie der Ausbildungsbetrieb. Er zahlt Beiträge zur Berufsgenossenschaft, die im Schadensfall aufkommt.

Wenn bei Ihnen eine Allergie oder eine Krankheit auftritt, die durch die Arbeit verursacht wird, sollten Sie in Betracht ziehen, den Beruf zu wechseln. Sprechen Sie mit Ihrem Hausarzt, Ihrem Ausbilder und vereinbaren Sie einen Termin mit einem Berufsberater der Agentur für Arbeit.

Meinem Ausbildungsbetrieb geht es schlecht

Seit ein paar Jahren geschieht es immer wieder, dass Ausbildungsbetriebe in den wirtschaftlichen Abgrund trudeln. Solange Sie nur Gerüchte darüber hören, dass es Ihrer Firma schlecht geht, ist das noch kein Grund für eine Kündigung. Behalten Sie die Nerven. Selbst die Insolvenz (Zahlungsunfähigkeit) des Unternehmens bedeutet noch nicht, dass Ihr Vertrag gelöst werden muss. Sofern die Ausbildungsmöglichkeit weiter besteht, kann die Ausbildung fortgeführt werden. Wird der Betrieb allerdings stillgelegt oder wesentlich eingeschränkt, entzieht die Kammer dem Betrieb die Berechtigung, weiter auszubilden, dann kann Ihnen gekündigt werden.

Der Azubi kann seinerseits fristlos kündigen, wenn die Ausbildung nicht mehr gewährleistet ist. Sprechen Sie in jedem Fall mit dem Betriebsrat, bevor Sie eine Entscheidung treffen. Er hat den Überblick und kann Ihnen helfen. Lassen Sie sich von Mitarbeitern der Agentur für Arbeit beraten, wie und wo Sie die Ausbildung fortsetzen. Auch die Ausbildungsberater der Kammer können Sie dabei unterstützen, einen neuen Betrieb zu finden.

! HINWEIS Gehen Sie weiter zur Berufsschule, während Sie einen neuen Ausbildungsbetrieb suchen.

Abmahnung, Kündigung, Aufhebungsvertrag

Wenn Sie am ersten Tag Ihrer Ausbildung einfach nicht erscheinen, kann Ihr Arbeitgeber Sie dafür nicht verklagen. Es ist allerdings nicht schön. Falls Sie sich also für einen anderen Ausbildungsplatz entscheiden, sagen Sie der Firma, bei der Sie schon einen Vertrag unterschrieben haben, so bald wie möglich Bescheid. Vielleicht kann noch ein Bewerber nachrücken – der freut sich bestimmt.

HINWEIS

Für Menschen mit Behinderungen, Schwangere, junge Mütter, Mitglieder der Jugend- und Auszubildendenvertretung und des Betriebsrats gilt besonderer Kündigungsschutz.

Während der Probezeit können beide Parteien fristlos kündigen. Danach ist es schwieriger. Wenn der Azubi sich für eine andere Ausbildung entscheidet oder keine Ausbildung mehr machen will, kündigt er mit einer Vier-Wochen-Frist. Sonst ist die Kündigung laut Berufsbildungsgesetz nur „aus einem wichtigen Grund" möglich, und zwar fristlos und von beiden Seiten.

Ein „wichtiger Grund" liegt vor, wenn es für die Partei, die sich verabschiedet, unzumutbar wäre, das Ausbildungsverhältnis fortzusetzen: Der Azubi stiehlt, er nimmt im Betrieb Drogen, wird gewalttätig oder etwas Ähnliches. In diesem Fall ist es möglich, dass er sofort, ohne Abmahnung, gehen muss. Wenn der wichtige Grund und die Begleitumstände länger als zwei Wochen bekannt sind, ohne dass etwas geschieht, kann deswegen nicht mehr gekündigt werden.

Der Ausbildende kann dem Azubi eine **Abmahnung** aussprechen. Das ist eine ernsthafte Warnung, eine Mitteilung darüber, dass er mit seiner Arbeitsleistung und seinem Verhalten unzufrieden ist. Meist mahnen die Arbeitgeber schriftlich ab, denn das können sie hinterher besser nachweisen. Wenn der Azubi trotz einer oder mehrerer Abmahnungen in derselben Sache sein Benehmen nicht ändert, kann ihm gekündigt werden. Das ist dann ein „wichtiger Grund“. Gründe für Abmahnungen sind:

- Der Azubi schwänzt die Berufsschule.
- Der Azubi surft während der Arbeitszeit zu privaten Zwecken im Internet, obwohl der Ausbilder es ihm verboten hat.
- Der Azubi widersetzt sich den Anweisungen des Ausbilders.

Wichtig: Wenn Ihnen eine Abmahnung ungerechtfertigt erscheint, sprechen Sie mit der Jugend- und Azubivertretung oder dem Betriebsrat. Formulieren Sie gemeinsam eine Gegendarstellung.

Die **Kündigung** erfolgt schriftlich. Die Gründe müssen konkret genannt werden. Sind sie nicht oder nur unzureichend ausgeführt, ist die Kündigung unwirksam. „Stört den Betriebsfrieden“ oder dergleichen reicht nicht aus, weil es eine allgemeine Aussage über das Verhalten des Mitarbeiters ist. Ein **Aufhebungsvertrag** kann jederzeit unterzeichnet werden, wenn beide Vertragsparteien die Ausbildung nicht zu Ende führen wollen. Er muss schriftlich vorliegen, mündlich reicht nicht. Bei Jugendlichen müssen die gesetzlichen Vertreter, also die Eltern, über Abmahnungen und Kündigungen informiert werden. Der Jugendliche kann nur kündigen oder einem Aufhebungsvertrag zustimmen, wenn die Eltern einwilligen.

Nicht vergessen

- Teilen Sie Ihrem Ausbildenden mit, wenn Sie schwanger sind.
- Für werdende Mütter gilt Kündigungsschutz.
- Wenden Sie sich an den Betriebsrat, wenn Sie gemobbt oder belästigt werden.
- Erkundigen Sie sich in Ihrem Betrieb, beim Berufsverband oder der Innung nach Förderprogrammen für den talentierten Nachwuchs.
- Sprechen Sie mit dem Betriebsrat, der zuständigen Kammer und der Agentur für Arbeit, wenn es Ihrem Betrieb wirtschaftlich schlecht geht.
- Sollte Ihr Ausbildender Pleite gehen, besuchen Sie weiterhin die Berufsschule.
- Nehmen Sie Abmahnungen ernst.
- Wehren Sie sich gegen ungerechtfertigte Abmahnungen.

Nach der Ausbildung

Gegen Ende der Ausbildung werden Sie mit Ihrem Ausbilder oder Ihrem Chef darüber reden, ob Sie weiter dort arbeiten. Laut Berufsbildungsgesetz können Sie sich innerhalb der letzten sechs Monate dazu verpflichten, nach der Ausbildung im Betrieb zu bleiben.

Einige große Unternehmen und Branchen haben mit der Gewerkschaft vereinbart, dass ihre Azubis grundsätzlich in ein festes Beschäftigungsverhältnis übernommen werden oder dass sie in einen Ausgebildeten-Pool kommen und dann beispielsweise für Schwangerschaftsvertretungen eingesetzt werden. Ob es bei Ihnen solche Regelungen gibt, wissen die Jugend- und Azubivertretung und der Betriebsrat.

Bleiben oder gehen?

Was fürs Bleiben spricht: Sie kennen das Unternehmen, beherrschen Routineaufgaben. Sie können den Chef und die Kollegen einschätzen und die Sie. Sie wissen oder ahnen zumindest, was Sie in diesem Haus in der nächsten Zeit erwartet. Sie haben sich Ihren Platz in der internen Hackordnung erkämpft.

Was fürs Weggehen spricht: In einer anderen Firma haben Sie andere Aufgaben. Selbst wenn die Produkte oder Dienstleistungen des neuen Arbeitgebers ähnlich sind wie die des alten, lernen Sie etwas dazu. Außerdem kommen Sie unter neue Kollegen. Sie sind nicht der ehemalige Azubi, was Sie in Ihrem Ausbildungsbetrieb noch eine Weile sein würden. Ihre neuen Kollegen nehmen Sie von vornherein als Fachkraft wahr.

Falls Ihr alter Arbeitgeber Sie behalten will, können Sie sich in den letzten Wochen der Ausbildung trotzdem anderswo bewerben und über die Angebote in aller Ruhe nachdenken. Bitten Sie das neue Unternehmen um Diskretion, denn Sie sind „in ungekündigter Stellung", wie es im Fachjargon heißt. Selbst wenn Sie die andere Stelle nicht antreten: Zu wissen, dass auch eine andere Firma Sie einstellen möchte, ist gut fürs Selbstbewusstsein.

! HINWEIS

Wenn der Ausbildungsbetrieb Sie nach der Ausbildung einfach weiter beschäftigt, ohne etwas mit Ihnen zu vereinbaren, haben Sie automatisch ein Arbeitsverhältnis auf unbestimmte Zeit. Voraussetzung ist allerdings, dass der Arbeitgeber oder ein Personalverantwortlicher weiß, dass Ihre Ausbildung zu Ende ist.

Das Zeugnis

Sie bekommen nicht nur ein Zeugnis, sondern gleich drei: eins von der Berufsschule, eins vom Betrieb und noch eins über das Bestehen der Abschlussprüfung. Heben Sie alle drei Dokumente sorgfältig auf, denn Sie werden sie künftigen Bewerbungen in Kopie beilegen. Das Zeugnis steht Ihnen in Papierform zu – eine E-Mail reicht nicht aus.

Ihr Arbeitgeber stellt Ihnen ein so genanntes qualifiziertes Zeugnis aus. Es enthält mindestens folgende Informationen:

- Art, Dauer und Ziel der Berufsausbildung
- Was haben Sie konkret gelernt? Über welche Fertigkeiten verfügen Sie?
- Wie waren Ihre Leistungen? Wie war Ihre Arbeitshaltung? Welche besonderen fachlichen Fähigkeiten haben Sie?

Wichtig: Der Arbeitgeber muss das Zeugnis nicht von sich aus schreiben. Sie fordern ihn dazu auf. Verschieben Sie das möglichst nicht auf die ferne Zukunft. Sprechen Sie schon in der letzten Phase der Ausbildung oder kurz nach dem Ende mit Ihrem Ausbilder oder mit der Personalabteilung. Achten Sie darauf, dass das Zeugnis vollständig ist (siehe oben) und keine Rechtschreib- und Grammatikfehler enthält.

Sicher haben Sie schon etwas von den Geheimcodes gehört, die in Zeugnissen verborgen sein können. Das sind Wörter oder Wortgruppen mit einer bestimmten Bedeutung, die viele Chefs kennen. Mit Hilfe dieser Codes geben sie sich zu verstehen, was sie über den Arbeitnehmer denken.

Hier ist eine unvollständige Aufzählung von Codes und eine Erklärung, was sie bedeuten:

- „Er hat die ihm übertragenen Aufgaben in jeder Hinsicht zu unserer vollsten Zufriedenheit erledigt." (sehr guter Mitarbeiter)
- „Ihr Verhalten gegenüber Vorgesetzten und Kollegen war stets einwandfrei." (sehr gute Mitarbeiterin)
- „Sie hat die ihr übertragenen Aufgaben immer zu unserer vollen Zufriedenheit erledigt." (gute Mitarbeiterin)
- „Seine Leistungen waren sehr gut." (guter Mitarbeiter)
- „Wir waren mit ihren Leistungen voll zufrieden. Ihre Leistungen haben unseren Erwartungen in jeder Hinsicht entsprochen." (befriedigende Leistungen)
- „Er hat sich bemüht, den Anforderungen zu genügen." (mangelhafte Leistungen)
- „Sie hatte Gelegenheit, die ihr übertragenen Aufgaben zu erledigen." (ungenügende Leistungen)
- „Sie hat alle Arbeiten mit großem Fleiß erledigt." (Sie war nicht besonders tüchtig.)
- „Er war stets pünktlich." (Sonst ist über den Mitarbeiter wenig Positives zu sagen.)
- „Er war mit Interesse bei der Sache." (ungenügende Leistungen)

- „Sie war eine kritische Mitarbeiterin.“ (also eine Querulantin)
- „Er tut, was er kann.“ (Aber er kann halt nichts.)

Wenn Sie solche Aussagen in Ihrem Zeugnis finden, reden Sie mit Ihrem Ausbilder und mit der Gewerkschaft. Bleiben Sie freundlich und sachlich.

Sie erhalten Arbeitslosengeld, wenn Sie mindestens zwölf Monate beschäftigt waren. Stellen Sie rechtzeitig einen Antrag bei der Agentur für Arbeit. Bei der Suche nach einem Job können Sie ähnlich vorgehen wie bei der Ausbildungsplatzsuche. Nutzen Sie die Anzeigen in Tages-, Wochen- und Fachzeitschriften, die Stellenbörse auf *www.arbeitsagentur.de* und andere, die Sie im Kapitel *Webseiten* finden. Ehe Sie eine Blindbewerbung schreiben, knüpfen Sie möglichst Kontakte zu dem Betrieb.

Nicht vergessen:

- In einigen Branchen und Betrieben gibt es gewerkschaftliche Vereinbarungen über die Übernahme von Azubis.
- Nutzen Sie Stellenbörsen im Internet, und knüpfen Sie Kontakte zu Firmen.
- Lesen Sie die Stellenanzeigen in Tages- und Wochenzeitungen.
- Falls Sie vor dem Ende der Ausbildung in einem anderen Betrieb ein Vorstellungsgespräch haben, verlangen Sie dort Diskretion.
- Bitten Sie den Ausbildenden um ein Arbeitszeugnis.
- Beantragen Sie Arbeitslosengeld.

Webseiten

Auf diesen Webseiten finden Sie Hilfe bei der Berufswahl, während der Ausbildung und danach:

www.abi-magazin.de
Die virtuelle Ausgabe des Abi-Magazins, das von der Bundesagentur für Arbeit herausgegeben wird. Informationen über Berufsausbildung und Studium. Berufsbilder und Karrierewege werden vorgestellt.

www.agrijob.de
Stellenmarkt für Landwirtschaft, Ernährung und Umwelt.

www.arbeitsagentur.de
Hier präsentiert sich die Agentur für Arbeit (hieß früher Arbeitsamt) mit einer Stellen- und Ausbildungsplatzbörse, der Weiterbildungsdatenbank KURS und dem BERUFEnet.

www.aubiplus.de
Mit Ausbildungsplätzen, Berufsreports, Unternehmensporträts und Terminen für Ausbildungsmessen.

www.azubitage.de
Ausbildungsplatzbörse und Informationen über Ausbildungsmessen.

www.begabtenförderung.de
Stipendien für Bewerber, die ihre Ausbildung abgeschlossen haben und jünger als 25 Jahre sind.

www.berufsbildungsmessen.de
Informationen über Ausbildungsmessen.

www.berufswahl.de
Beratung bei der Studien- und Berufswahl. Eine Seite der Bund-Länder-Kommission für Bildungsplanung und Forschungsförderung (BLK) und der Bundesagentur für Arbeit.

www.bau-job-online
Stellenmarkt für die Bauwirtschaft.

www.bibb.de
Bundesinstitut für Berufsbildung. Hier steht eine Liste mit den 349 staatlich anerkannten Ausbildungsberufen.

www.bmwa.bund.de
Bundeswirtschaftsministerium. Link „Beruf und Karriere" anklicken, dort stehen Informationen über die Ausbildung: Welcher Job passt zu mir? Wie bewerbe ich mich?

www.dgb-jugend.de
Der Deutsche Gewerkschaftsbund stellt sein Angebot für junge Erwachsene vor. Link „Ausbildungsberater" anklicken. Informationen über Ausbildungsvergütung, Tarifgehalt, Steuern.

www.dr-azubi.de
Seite des DGB. Kostenlose und anonyme Beratung bei Konflikten im Betrieb.

www.girls-day.de
Den Girls Day gibt's jedes Jahr am dritten Donnerstag im April, und zwar bundesweit. Mädchen und junge Frauen sollen für technische Berufe begeistert werden.

www.handfest-online.de
Das Jugendmagazin des Handwerks stellt sich vor. Hier erfahren Sie, worauf es bei handwerklichen Berufen ankommt.

www.hotel-career.de
Stellenmarkt für Hotels und die Gastronomie.

www.ihk.de
Der Deutsche Industrie- und Handelskammertag präsentiert sich. Link „Aus- und Weiterbildung" anklicken. Von dieser Seite aus gelangen Sie zur Homepage der Industrie- und Handelskammer in Ihrer Stadt.

www.klinikstellen.de

Wie der Name schon sagt.

www.machs-richtig.de

Ein Service der Bundesagentur für Arbeit. Wie finde ich einen Beruf, der zu mir passt? Welche Alternativen habe ich, wenn ich in meinem Wunschjob keinen Ausbildungsplatz bekomme? Wie schreibe ich eine Bewerbung? Ein Service der Agentur für Arbeit mit Berufedatenbank und „virtuellen Betriebsbesuchen“. Viele Links zu anderen Seiten, die sich mit Ausbildung beschäftigen.

www.meister-bafoeg.info

Staatliche Förderung für Weiterqualifizierung nach der Ausbildung. Es gibt zwischen 614 und 1.187 Euro pro Monat. Ein Teil ist Zuschuss, der andere Darlehen.

www.monster.de

Stellenbörse.

www.netzeitung.de

Link „Stellenmarkt“ anklicken. Die Jobsuchmaschine der Netzeitung durchforstet täglich eine halbe Million Angebote.

www.perspektive-plus.de

Eine Initiative der Gewerkschaft ver.di. Wie finde ich einen Job, der zu mir passt? Viele Links.

www.stellenanzeigen.de
Stellenbörse.

www.was-werden.de
Ein Service der Bundesagentur für Arbeit. Berufe und Karrierewege werden vorgestellt.

www.wege-ins-ausland.de
Wer kann dabei helfen? Viele Links.

Literaturtipps

Begemann, Petra: *Das Arbeitszeugnis.* Eichborn, Frankfurt am Main, 2004

Begemann, Petra: *Bewerbungsbrief und Lebenslauf.* Eichborn, Frankfurt am Main, 2004

Beruf aktuell. Ausgabe 2004/2005 (Ratgeber der Bundesagentur für Arbeit: verschiedene Berufe werden vorgestellt – gibt's im BIZ)

Blath, Martin: *Das Bewerbungsgespräch.* Eichborn, Frankfurt am Main, 2004

Europa kommt – gehen wir hin! Perspektiven in Europa: Bildung – Ausbildung – Studium (gibt's im BIZ)

Hurlebaus, Horst-Dieter: *Rechtsratgeber Berufsbildung. Handbuch für die Praxis.* Deutscher Industrie- und Handelskammertag, Berlin, 2005

Studien- und Berufswahl. Informationen und Entscheidungshilfen 2004/2005 (gibt's im BIZ)

Stichwortverzeichnis